JONATHAN DEE

# EINFACH
# Gesichtslesen

tosa

Alle Rechte vorbehalten
Copyright © 2005 Jonathan Dee,
chapter illustrations copyright © 2005 Hannah Firmin,
face illustrations copyright © 2005 Melanie Powell.
Originally published in 2005 under the title SIMPLY FACEREADING by
Sterling Publishing Co., Inc., 387 Park Avenue South, New York, NY 10016
Copyright © der deutschsprachigen Erstausgabe 2008 bei
tosa im Verlag Carl Ueberreuter Ges. m. b. H., 1090 Wien, Alser Straße 24
Übersetzung aus dem Amerikanischen: Die Textwerkstatt, Langenlois
Covergestaltung: Joseph Koó
Coverbilder: Mauritius, iStockphoto, aus dem Buch
Druck: Tlačiarne BB s.r.o., Slovakia

www.tosa-verlag.com

# Inhalt

Einleitung *4*

1 Die Zonen und Formen des Gesichts *7*

2 Die Stirn *39*

3 Die Augen *57*

4 Die Augenbrauen *79*

5 Nase und Wangenknochen *95*

6 Die Ohren *111*

7 Die Nasolabialfalten *127*

8 Mund, Lippen, Philtrum und Kinn *135*

Register *158*

… … …

# Einleitung

**Mian Xiang, die chinesische Kunst des Gesichtslesens,** hat eine lange Tradition. Die uralten Weisen, die diese Methode begründeten, sind seit über 2.000 Jahren vergessen. Sie machten sich die essenziellsten Inhalte der östlichen Philosophie zunutze, um die Grundlagen dieses faszinierenden Studienzweigs zu erarbeiten. Obwohl die Gesichtslesekunst aus China stammt, funktioniert sie nicht nur für asiatische Gesichtszüge. Die Ethnie ist überhaupt nicht relevant, denn die Regeln und Auslegungen des Gesichtslesens stimmen für jede rassische Gruppierung gleichermaßen.

Beim Gesichtslesen begegnen wir, wie auch in der chinesischen Astrologie, dem Feng-Shui oder der chinesischen Medizin, vertrauten östlichen Konzepten: Yin und Yang sowie den fünf Elementen Holz, Feuer, Erde, Metall und Wasser. Tatsächlich hat die Kunst des Gesichtslesens viel mit dem Feng-Shui gemeinsam, denn im Mian Xiang gilt das Gesicht als Landschaft mit fünf „Bergen" – Stirn, Nase, Wangenknochen und Kinn – die jeweils symbolisch einem Element zugeordnet werden. Durch die Gesichtslandschaft strömen weiters vier „Flüsse" – Augen, Nasenlöcher, Ohren und Mund. Jeder Gesichtszug ist ein Teil der Landschaft und wird dementsprechend interpretiert.

Jedes Lebensjahr hinterlässt eine sichtbare Spur im Gesicht. Nach der traditionellen chinesischen Auffassung gibt es nicht weniger als 92 Altersmarkierungen verteilt über das ganze Gesicht. Zudem ist von zwölf „Palästen des Glücks" die Rede, die über bestimmte Themen wie Partnerschaft, Karriere, Wohlstand und Gesundheit informieren.

Auch ohne diese Kenntnisse schätzen wir das Wesen der Menschen nach deren Gesichtszügen ein. Allerdings beurteilen wir weniger die physischen Formen der Gesichter, sondern die kurzlebige Mimik. Im chinesischen Gesichtslesen sind hingegen wirklich die körperlichen

# Einleitung

Merkmale ausschlaggebend, deren Verhältnis zueinander, deren Symmetrie und die grundlegende Form des Gesichts.

Fünf Grundformen entsprechend den fünf Elementen werden unterschieden. Außerdem sind zwei Variationen bekannt, für die ein Eimer bzw. ein Vulkan als Vergleichsmaßstab dienen.

Die Form der einzelnen Gesichtszüge ist das komplexeste Teilgebiet. 23 Grundformen der Augen werden unterschieden und dito 23 Arten, wie die Augenbrauen geschwungen sein können. Es gibt dreizehn Ohrtypen, dreizehn grundlegende Nasenprofile und neun verschiedene Mundschemata. Jeden einzelnen Typ werde ich in diesem Buch beschreiben, wie auch andere Merkmale: die Wangenknochen, die Breite und Höhe der Stirn, die Wangenlinien oder Fa Ling und das Philtrum oder Jen Chung.

Es ist bedauerlich, dass die alten chinesischen Weisen, die die Kunst des Gesichtslesens begründeten, extreme Sexisten waren. Aber obwohl sich diese antike Methode fast nur mit der Interpretation männlicher Gesichtszüge beschäftigt, kann sie auch auf weibliche Gesichter angewandt werden. Und weil wir gerade beim Thema sind: Wenn in diesem Buch von „er" und „seiner" die Rede ist, entspringt dies keineswegs einer diskriminierenden Haltung des Autors, sondern wurde lediglich zur Vermeidung von ständigen Wiederholungen von „er oder sie" bzw. „seiner oder ihrer" so gehandhabt.

Jedes Gesicht hat seine eigene Geschichte zu erzählen, und die Kunst des Mian Xiang wird Sie lehren, jede Besonderheit zu erkennen, jede Linie und jede Falte zu lesen und so Aspekte der Persönlichkeiten in Ihrem Familien- und Freundeskreis zu sehen, von deren Existenz Sie überhaupt nichts wussten. Denn es ist ja so: Chinesisches Gesichtslesen zeigt Ihnen, dass Gesichter buchstäblich offene Bücher sind!

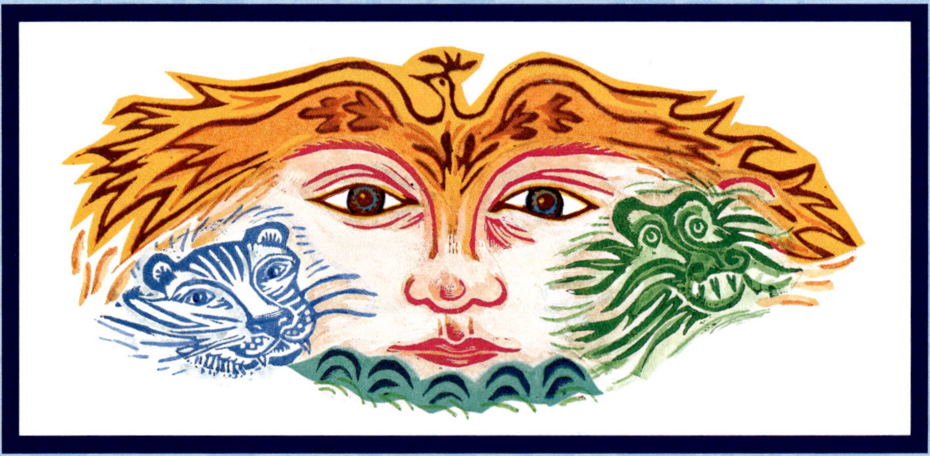

# 1

# DIE ZONEN UND FORMEN DES GESICHTS

**Die Zonen und Formen des Gesichts**

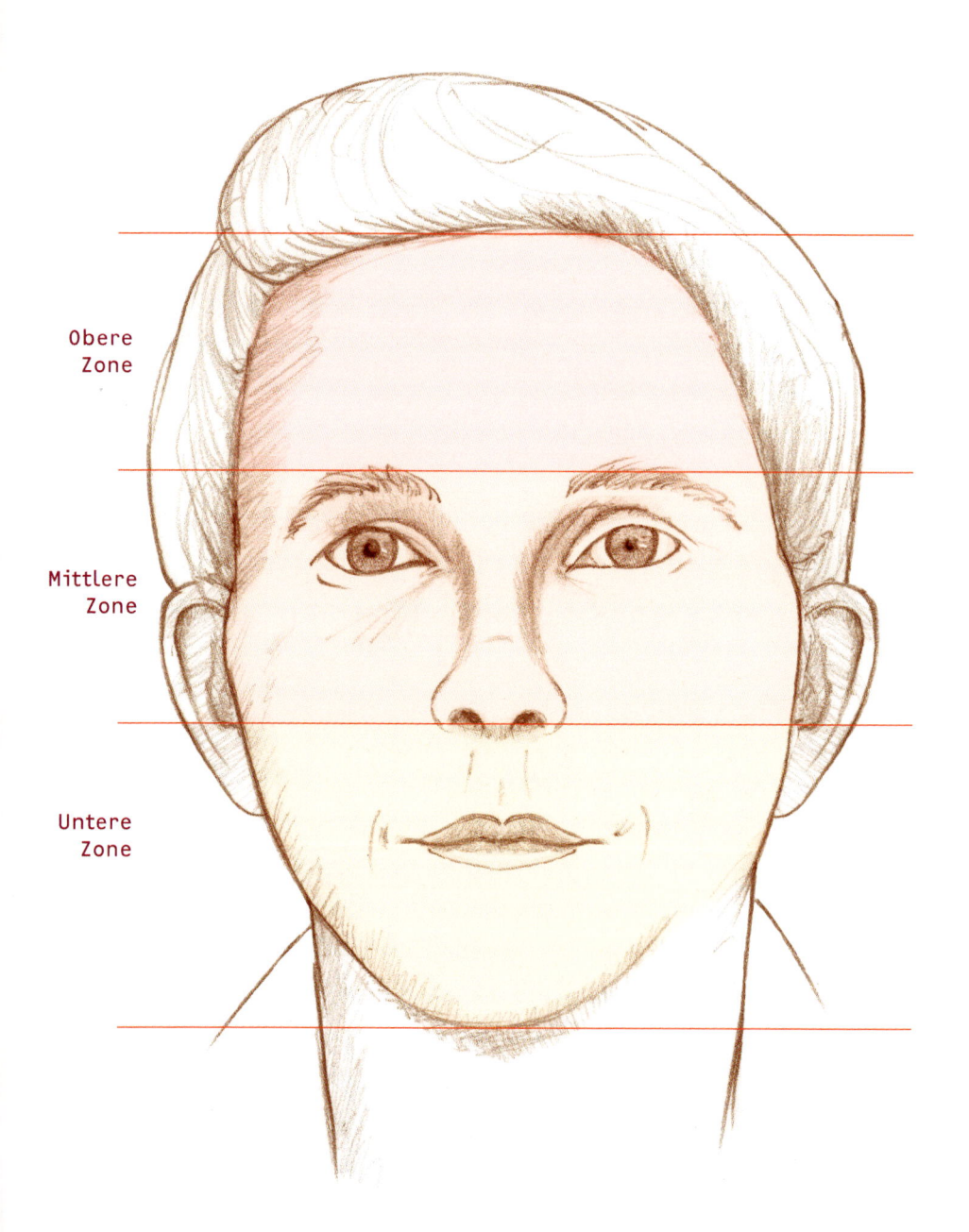

Obere Zone

Mittlere Zone

Untere Zone

Die drei Zonen des Gesichts

# DIE DREI PRIMÄREN ZONEN DES GESICHTS

Die alten chinesischen Gelehrten unterteilten das Gesicht in eine verwirrende Vielzahl von Bereichen. Nicht weniger als 130 körperliche Merkmale können interpretiert werden. Glücklicherweise müssen wir uns nicht mit jedem einzelnen davon befassen; für den Anfänger besteht der beste Start darin, sich mit den drei primären Zonen vertraut zu machen, die das Gesicht in drei waagerechte Bereiche teilen.

## Die Himmelsregion oder obere Zone

Die Himmelsregion des Gesichts ist der Bereich der Stirn. Sie erstreckt sich vom Haaransatz bis zu den Augenbrauen. Eine breite, wohlproportionierte Stirn gilt ganz allgemein als Glück verheißend. Ist die Stirn jedoch überbreit, so dass das Gesicht die Form eines Dreiecks annimmt, das nach unten weist, bedeutet das schlechte Karten in Liebesdingen. Eine glatte, ebenmäßige, offene Stirn ohne Hautunreinheiten oder andere Schönheitsfehler legt eine glückliche Kindheit nahe, ein erfüllendes Privatleben und die liebende Unterstützung der Familie. Das Gegenteil ist der Fall, wenn die Himmelsregion fleckig oder vernarbt ist oder die Haut eine graue, dumpfe Tönung aufweist.

Die Zonen und Formen des Gesichts

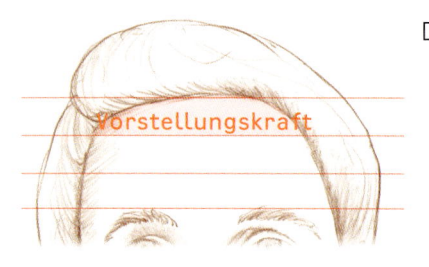

Die Himmelsregion wird wiederum in drei horizontale Bereiche unterteilt. Der Streifen beim Haaransatz steht mit der Fantasie in Zusammenhang, der zentrale mit dem Gedächtnis und der an die Brauen angrenzende mit der Beobachtungsgabe (siehe Kapitel 2, Die Stirn, S. 39).

## Die Region des eigenen Willens oder mittlere Zone

Die Region des eigenen Willens wird auch als „menschliche Region" oder „Region der Menschlichkeit" bezeichnet. Sie umfasst den zentralen Teil des Gesichts: Augen, Nase, Wangenknochen und Ohren. Im Idealfall sollten alle diese Gesichtszüge zueinander in harmonischer Proportion stehen. Je „normaler" die Merkmale dieser Zone sind, desto gefestigter ist der Mensch. Jedes übergroße Element wirkt sich nachteilig aus, insbesondere in Herzensdingen.

Ist diese Region breiter als die anderen, zeugt das von Willenskraft und Führungsqualitäten. Man hat die Fähigkeit, komplexe Situationen unter Kontrolle zu bringen und zum eigenen Vorteil zu beeinflussen.

## Die drei primären Zonen des Gesichts

Ein klarer und reiner Teint deutet auf Wohlstand in jungen und mittleren Jahren hin. Ist die Haut hingegen fleckig oder narbig oder die Tönung ins Gräuliche gehend, sind die finanziellen Aussichten getrübt.

### Die Erd-Region oder untere Zone

Ausgewogene Proportionen sind auch von Bedeutung, wenn wir uns jetzt der Erd-Region zuwenden. Ein guter Knochenbau ist die Grundlage eines glücklichen, gesunden und langen Lebens in Wohlstand. Lippen, Mund und Kinn sind in dieser Zone die entscheidenden Faktoren. Volle Lippen über einem markanten Kinn sind Zeichen einer kräftigen Konstitution, während dünne Lippen und ein fliehendes Kinn gesundheitliche Probleme andeuten.

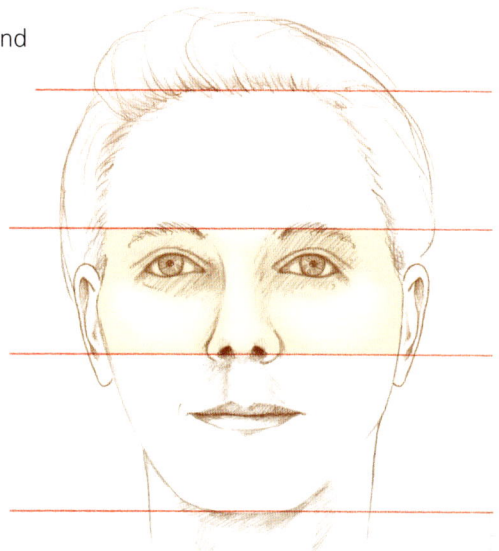

Die Region des eigenen Willens oder mittlere Zone

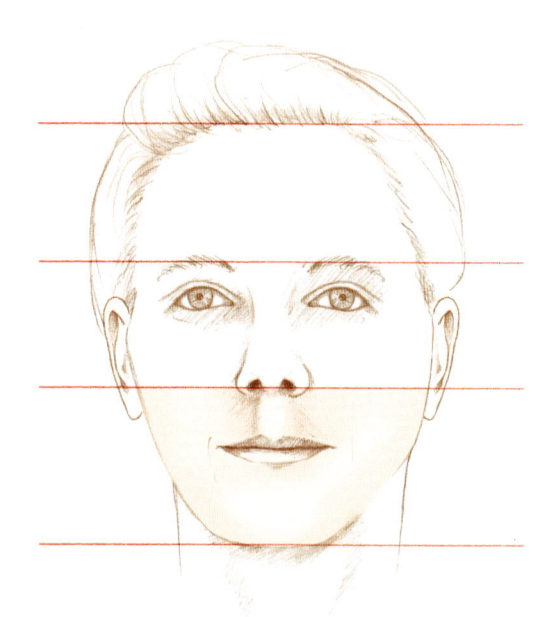

Die Erd-Region oder untere Zone

Die Zonen und Formen des Gesichts

Ein perfektes Gesicht

## DIE SEKUNDÄREN ZONEN DES GESICHTS

### Die fünf wichtigsten Merkmale

Die fünf wichtigsten Merkmale des Gesichts sind, wenig überraschend, die Augen, die Augenbrauen, der Mund, die Nase und die Ohren. Sind diese Partien regulär geformt und in Proportion zueinander und zur Form des Gesichts, stehen die Zeichen günstig für Wohlstand, Gesundheit und Glück. Sollte jedoch eines oder mehrere dieser Merkmale aus der Reihe tanzen oder deplatziert wirken, wird das Schicksal nicht gewogen sein. Einwärts gerichtete Augen, eine gebogene, krumme oder gebrochene Nase, narbige Augenbrauen und schiefe Lippen sind alles Merkmale, die der

## Die sekundären Zonen des Gesichts

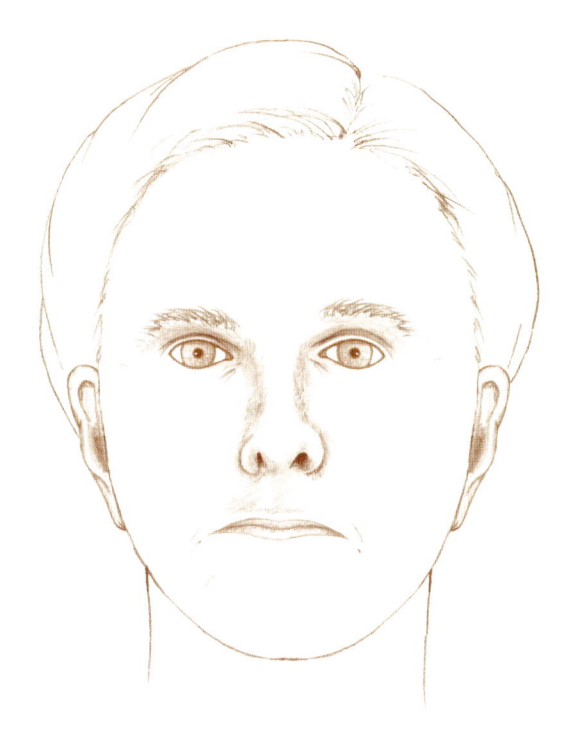

**Ein asymmetrisches, unperfektes Gesicht**

Harmonie im Leben abträglich sind. Es kann aber sein, dass trotz eines oder mehrerer unperfekter Gesichtszüge kein unglückliches Schicksal droht, weil andere wohlgeformt sind und schützend wirken.

## Die fünf Berge und die vier Flüsse des Gesichts

Die fünf wichtigsten Merkmale haben auch Bezüge zu den „fünf Bergen". Die alten Chinesen betrachteten das Gesicht als Landschaft mit physischen Merkmalen, vergleichbar den Eintragungen auf einer Landkarte. Bedenkt man die Erdbezogenheit des Feng-Shui, überrascht es nicht, dass für die Gesichtsbereiche dieselbe gleichermaßen uralte Terminologie verwendet wird.

## Die Zonen und Formen des Gesichts

Im Feng-Shui wird jede Richtung (Osten, Süden, Westen, Norden und Zentrum) durch ein Element und ein symbolisches Wesen dargestellt.

- Der Osten gehört zum Holzelement, sein Bildnis ist ein grüner Drache.
- Der Süden wird mit dem Feuer assoziiert und durch einen Phönix oder roten Vogel dargestellt.
- Der Westen ist mit dem Metall verbunden; sein Tier ist der weiße Tiger.
- Der Norden ist die Richtung des Wassers, versinnbildlicht durch eine schwarze Schildkröte.
- Im Zentrum von allem, in der Mitte jedes Raums findet sich die Erde. Ihre Farbe ist das Gelb.

Analog dazu geht man beim Gesichtslesen vor. Jede prominente Knochenstruktur wird in gleicher Weise symbolisiert. So ist die Stirn der Berg des Phönix und sein Element, das Feuer, versinnbildlicht die Gedanken.

Der linke Wangenknochen ist der Berg des grünen Drachen, dem Symbol für das Holz-Element.

Der rechte Wangenknochen ist der Berg des weißen Tigers, dem Symbol für das Metall-Element.

**Die sekundären Zonen des Gesichts**

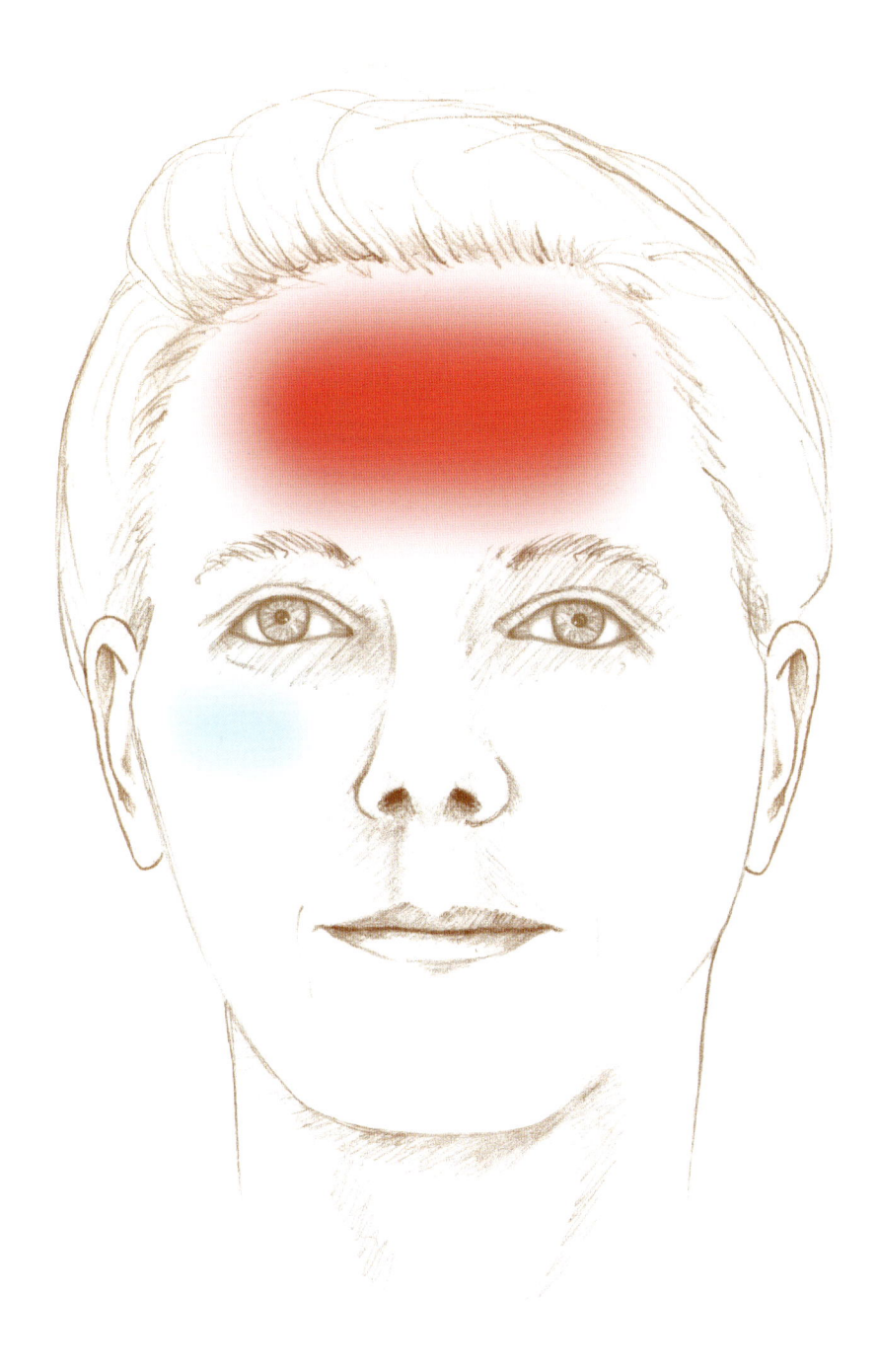

15

**Die Zonen und Formen des Gesichts**

Das Kinn wird als wässrig betrachtet und demzufolge als Berg der schwarzen Schildkröte bezeichnet.

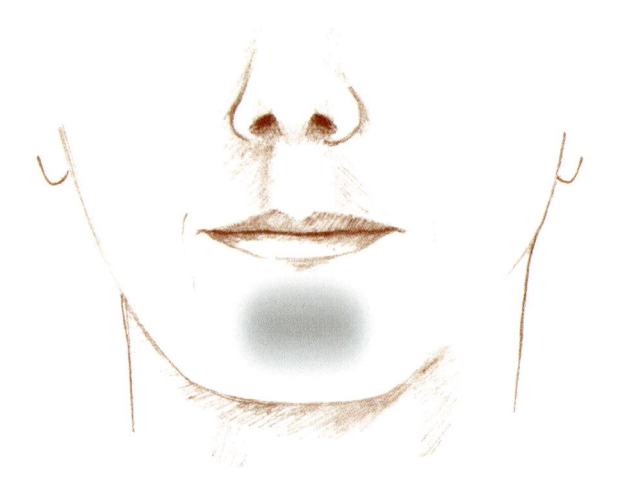

Die Nase, das zentrale Merkmal des Gesichts, wird Berg der Mitte oder Berg des Gelben Kaisers genannt.

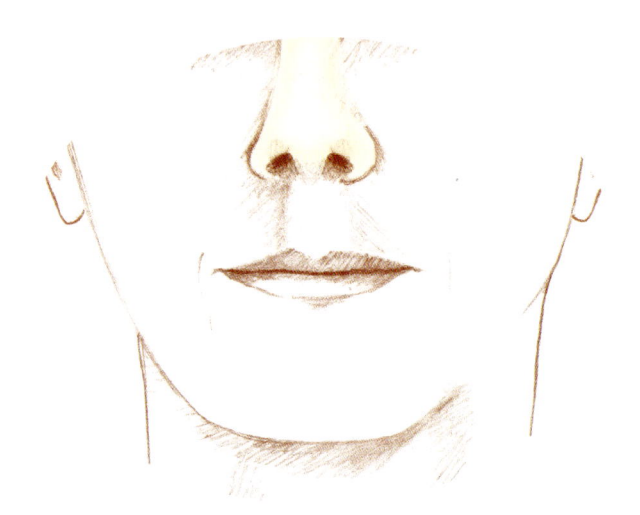

**Die Alterspunkte des Gesichts**

Zusätzlich verfügt das Gesicht über vier Flüsse, auch wenn diese nicht notwendigerweise Teil des chinesischen Gesichtslesens sind:
- Der Fluss Kong – die Ohren
- Der Fluss Ho – die Augen
- Der Fluss Wai – der Mund
- Der Fluss Chai – die Nasenlöcher

Die vier Flüsse sind für die chinesische Diagnostik bedeutend und werden mit dem Chi in Verbindung gebracht. Das Chi, der universelle Atem des Lebens, kommt in positiver und negativer Form vor: Sheng Chi bzw. Sha Chi. Jeder der Flüsse weist positive und negative Aspekte auf. Chi gelangt in Form von Licht in die Augen und wird durch Tränen ausgeschieden. Klang dringt in die Ohren und kommt als Ohrenschmalz wieder heraus. Atem ist das positive Chi der Nasenlöcher, Schleim das negative. Der Mund kann Chi aufnehmen und abgeben: durch freundliche oder harsche Worte, durch gutes oder schlechtes Essen.

# DIE ALTERSPUNKTE DES GESICHTS

Das traditionelle Gesichtslesen kennt besondere Alterspunkte, verteilt über Gesicht, Ohren und den Scheitel. Diese Punkte heben besondere Jahre im Leben eines Menschen hervor. Die wichtigsten sind bekannt als die 13 bedeutsamen Punkte. Sie finden sich entlang einer senkrechten Linie vom Haaransatz bis zur Kinnspitze. Jeder der Punkte hat einen traditionellen Namen und bezieht sich auf die wichtigsten Lebensjahre zwischen 15 und 71.

Die Zonen und Formen des Gesichts

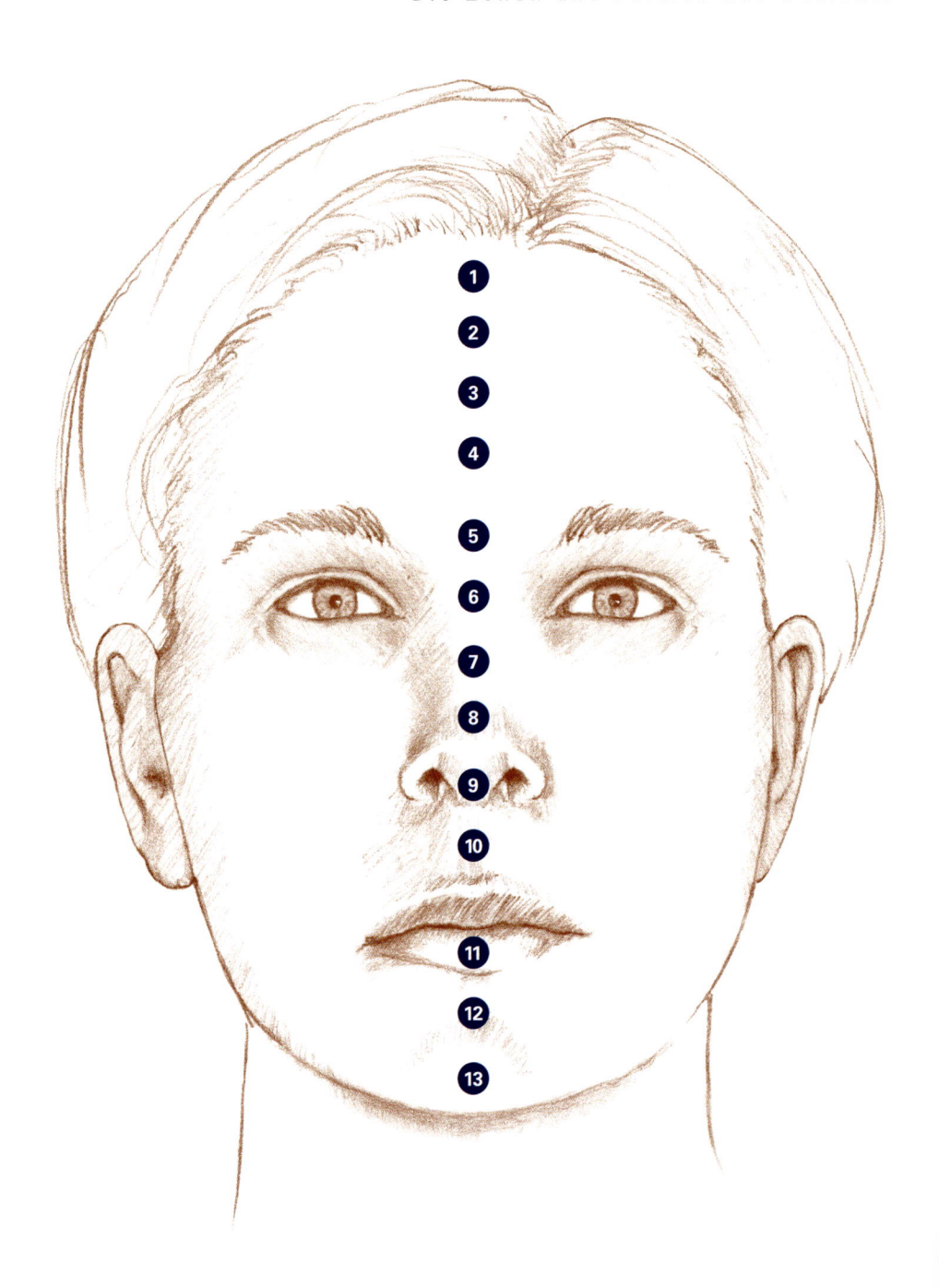

Die dreizehn bedeutsamen Punkte

18

### Die Alterspunkte des Gesichts

## Die dreizehn bedeutsamen Punkte

**❶ T'ien Chung – 15. Jahr** Dieser Punkt heißt wörtlich „Mittlerer Himmel". Er befindet sich unter dem Mittelpunkt des Haaransatzes. Eine Narbe, ein Mal, eine Beule oder eine Delle an dieser Stelle deutet eine unglückliche Kindheit und eine verwirrte, schwierige Phase der Pubertät an. Ein dunkles Mal spricht von früher Armut. Eine Vene enthüllt ein unreifes, von Unfällen gefährdetes Wesen.

**❷ Tien T'ing – 18. Jahr** Der „Zentrale Himmel" gilt für junge Erwachsene. Ist dieser Punkt makellos und rein, deutet das eine gute Bindung zu den Eltern an und die Person kann treue und einflussreiche Freunde gewinnen. Ist diese Stelle hingegen permanent unperfekt, wird die Person es schwer haben, andere für sich einzunehmen. Taucht hier spontan ein Mal auf, gilt dies als schlechtes Omen. Ein solches Mal wird als „dunkle Wolke" bezeichnet, die ein bald eintreffendes schweres Unglück ankündigt.

**❸ Ssu K'ung – 21. Jahr** Fleckenlosigkeit an dieser Stelle steht für neutrale Aussichten, während ein Stich ins Rötliche oder Gelbliche als sehr gutes Omen angesehen wird: Guter Rat und der Respekt und die Zuneigung anderer sind zu erwarten. Ein graues oder schwarzes Mal deutet einen holprigen Lebenspfad an, der von Pechsträhnen besonders in beruflicher Hinsicht gekennzeichnet ist.

**❹ Chung Cheng – 24. Jahr** Ist diese Stelle makellos, wird früher Erfolg vorhergesagt. Eine Vertiefung oder Verfärbung deutet auf Mangel an Konzentration und Einsatz hin. Ein schwarzes Muttermal gilt als schlechtestes Zeichen: Es zeigt große Ungeduld an und die unglückselige Tendenz, zur falschen Zeit am falschen Ort aufzutauchen.

Die Zonen und Formen des Gesichts

**❺ Yin T'ang – 27. Jahr** Dieser sehr wichtige Punkt steht in enger Verbindung mit der Interpretation der Brauen (siehe S. 79). Gute, reine Haut an dieser Stelle lässt auf eine große Erbschaft und/oder besonderen Geschäftssinn hoffen. Ein dunkler Leberfleck soll lange Krankheit bedeuten, während jedes Mal oder jede Verfärbung an einer Seite dieses Punktes auf Gesetzeskonflikte verweist. Eine Narbe oder ein Muttermal soll traditionell eine Adoption enthüllen. Zusammengewachsene Augenbrauen können Verlogenheit und Ehrlosigkeit zeigen. Sind die Brauen nur beinahe zusammen, kann dies einen Gesetzeskonflikt bedeuten, der den Großteil dieses Jahres beanspruchen wird.

**❻ Shan Ken – 40. Jahr** Dieser Punkt markiert den Übergang von der oberen zur mittleren Zone. Der Bereich sollte etwas gesenkt sein, um den Energiefluss zwischen den Zonen zu gewährleisten. Findet sich hier ein dunkler Fleck, kann dies auf immer wiederkehrende Krankheit hindeuten. Tatsächlich werden kurzfristige Leiden häufig von einem dunklen Fleck angekündigt. Wie üblich gilt: je dunkler das Mal, desto gravierender die Beschwerden. Ein Leberfleck direkt auf dem Shan Ken deutet den Auszug von zu Hause auf der Suche nach Arbeit an. Ist das Mal aber unzentriert, steht es für wahrscheinliche Verdauungsprobleme.

**❼ Nien Shang – 43. Jahr** Der Punkt am unteren Ende des Nasenbeins betrifft sowohl die Gesundheit als auch das Gefühlsleben. Ein Mal deutet romantische Turbulenzen an – aber andererseits auch wiederholte Magenverstimmungen im 43. Lebensjahr.

**❽ Shou Shang – 44. Jahr** Dieser Punkt befindet sich zwischen dem Ende des Nasenbeins und der Nasenspitze.

Die Alterspunkte des Gesichts

Reine, makellose Haut an dieser Stelle zeugt von exzellentem Modegeschmack und einer kräftigen Konstitution. Ein auffälliger Fleck deutet indes auf ein gescheitertes Geschäftsvorhaben hin. Zeigt sich hier ein Mal, stehen die romantischen Zeichen in diesem Jahr schlecht.

**❾ Chun T'ou – 47. Jahr** Der Chun T'ou sitzt genau auf der Nasenspitze und steht mit den Finanzen in diesem Jahr in Zusammenhang. Natürlich ist Makellosigkeit auch hier ein gutes Zeichen, aber auch eine permanente Rotfärbung oder ein rötliches Mal sind eher wünschenswert. Sind aber die Poren so grob, dass sie sichtbar sind, oder wachsen an dieser Stelle dunkle Haare, droht Armut.

**❿ Jen Chung – 50. Jahr** Dieser Bereich entspricht dem Philtrum, der Kerbe zwischen der Nase und den Lippen. Er bezieht sich auf das fünfzigste Lebensjahr und gilt als so bedeutend, dass dieses Buch dem Jen Chung ein ganzes Kapitel widmet.

**⓫ Shui Hsing – 59. Jahr** Dieser Punkt an der Unterlippe wird im Abschnitt über den Mund und die Zunge besprochen.

**⓬ Ch'eng Chiang – 69. Jahr** Dieser Punkt befindet sich am oberen Kinnansatz, einer Region, die als „wässrig" gilt. Deshalb steht er mit Schiffsreisen und mit (alkoholischen) Getränken in Zusammenhang. Sollte hier ein dunkler Fleck erscheinen, ist es ratsam, Reisen zu verschieben und das Trinken einzuschränken, bis der Fleck verschwindet. Bleiche, dunkelrote oder grünliche Flecken zeigen eine Vergiftung oder eine Infektion durch unreine Flüssigkeit an.

**⓭ Ti Ko – 70. Jahr** Die Kinnspitze.

Die Zonen und Formen des Gesichts

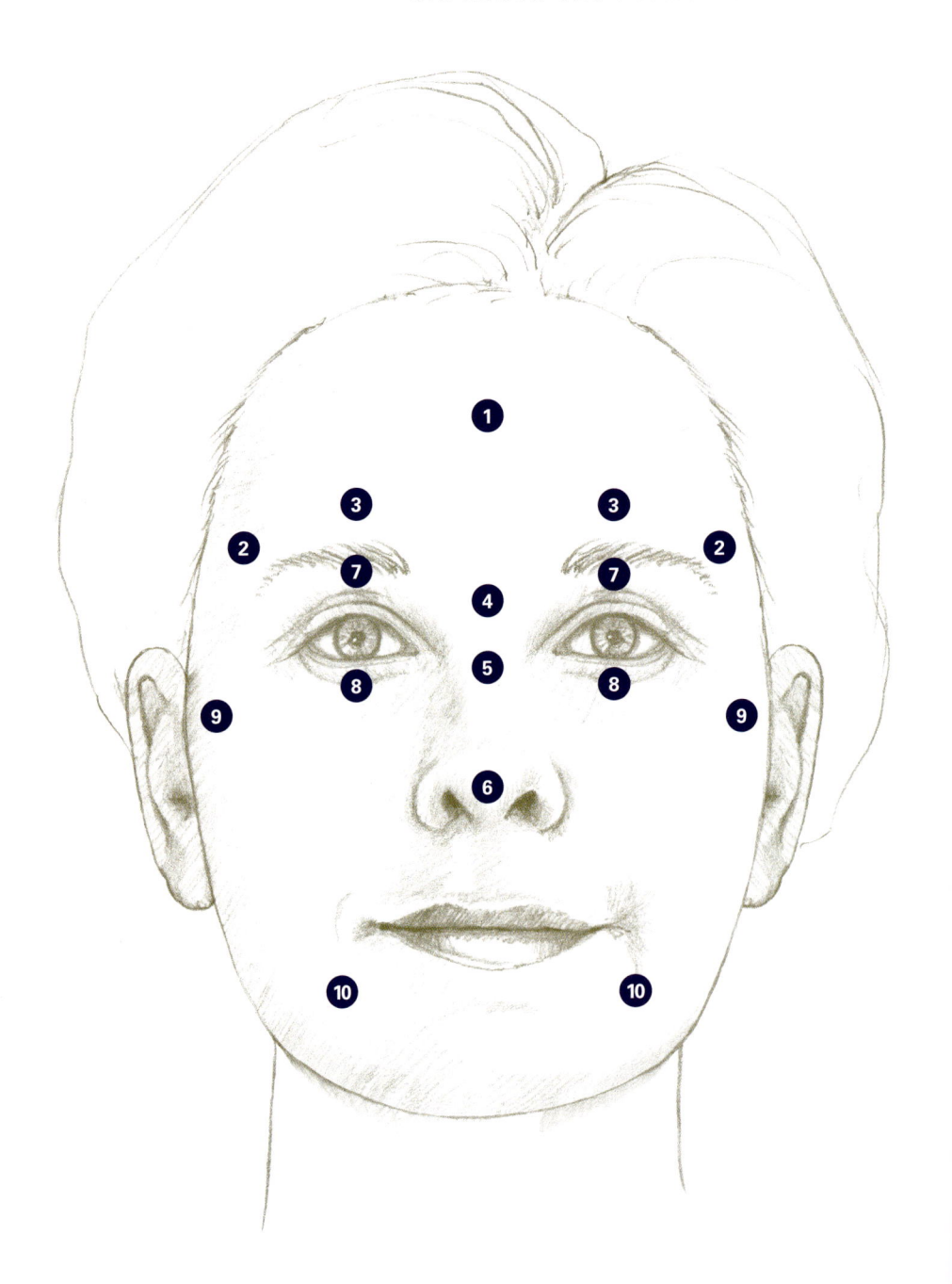

Die zwölf Paläste des Glücks

# DIE ZWÖLF PALÄSTE DES GLÜCKS

Neben den Alterspunkten gibt es auch noch Bereiche, die Paläste des Glücks genannt werden. Ihre Funktion kann mit jener der zwölf Häuser in Horoskopen verglichen werden. Die Paläste haben mit bestimmten Themen zu tun: Beziehungen, Wohlstand, Gesundheit, das Zuhause etc. Manche gibt es nur an einer Stelle wie z. B. auf der Nasenspitze oder in der Stirnmitte, andere sind zweigeteilt wie die Bereiche unter jedem Auge oder an den Schläfen.

Die Beschäftigung mit den Palästen des Glücks verhilft zu einem grundlegenden Verständnis des Gesichtslesens als solchem sowie zu wertvollen Hinweisen über den Verlauf eines individuellen Lebens.

**1 Kaun Lu Kung – Der Palast der Karriere** Er ist identisch mit dem Alterspunkt für das 21. Jahr. Der Bereich ist ein Indikator für die Karriere und geschäftlichen Erfolg. Zusätzlich zeigt eine makellose Stirnmitte die Hilfe einflussreicher Freunde an. Ist dieser Bereich jedoch eingesunken oder erhaben, dürften schwierige Hindernisse zu überwinden sein. Ein Mal an dieser Stelle weist auf die Notwendigkeit von Fleiß und Durchhaltevermögen hin.

**2 Chine I Kung – Der Palast der Bewegung** Die beiden Paläste der Bewegung stehen mit den Schläfen in Verbindung. Die Bereiche sollten leichte Senken bilden, ohne hervorstehende Knochen oder Schwellungen irgendwelcher Art. Ist dies der Fall, ist ein erfolgreicher Lebensweg vorbestimmt. Ein besonders gutes und gesundes Aussehen

Die Zonen und Formen des Gesichts

weist auf eine abenteuerlustige Persönlichkeit hin. Erscheint ein dunkler Fleck, ist es angezeigt, alle geplanten Reisen zu verschieben, bis die Verfärbung verschwunden ist. Ein Mal an einer der Stellen warnt vor der Gefahr, auf Reisen bestohlen zu werden oder leiden zu müssen.

**❸ Hsiung Ti Kung – Der Palast der Brüder** Die beiden Bereiche zentral über den Brauen bilden den Palast der Brüder. Sie verweisen nicht nur auf Blutsverwandte, sondern auf alle Menschen, mit denen eine Person im Lauf ihres Lebens in Beziehung tritt. Lange, wohlgeformte Brauen zeigen glückliche Verbindungen zu Verwandten und Freunden. Lückenhafte, unregelmäßige oder narbige Brauen deuten dementsprechend Beziehungsprobleme an.

**❹ Min Kung – Der Palast des Lebens** Genau zwischen den Brauen befindet sich der Palast des Lebens, identisch mit dem Alterspunkt 40. Jahr. Er repräsentiert das Gefühlsleben. Treten hier in jungen Jahren Falten auf, deutet das zahlreiche Affären an; fehlen nach dem 30. Jahr immer noch Falten, ist der Mensch ein Tagträumer, der zur Zeitverschwendung neigt. Ein guter Gesamteindruck weist wie gewohnt auf ein harmonisches Gefühlsleben hin.

**❺ Chi O Kung – Der Palast der Krankheit** Trotz des unerfreulichen Namens bezieht sich dieser Palast einfach auf den allgemeinen Gesundheitszustand einer Person. Er deckt sich mit Alterspunkt 43. Jahr am Nasenrücken. Gute Zeichen sind Makellosigkeit und ein gesundes, reines Aussehen sowie eine schön geformte Nase. Ist dieser Bereich jedoch von feinen Falten durchzogen oder durch ein Mal oder eine Narbe entstellt, ist die Grundkonstitution schlecht und häufige Kränklichkeit zu erwarten.

Die zwölf Paläste des Glücks

**6 Ts'ai Pai Kung – Der Palast des Wohlstands** Wie der Name schon sagt korreliert dieser Palast mit den materiellen Dingen. Er deckt sich mit Alterspunkt 47. Jahr an der Nasenspitze. Ein dunkler Fleck darauf enthüllt einen Menschen, der sich zu viel Verantwortung aufbürdet, weil er die Last der Welt auf seinen Schultern spürt. Eine Narbe bedeutet schlechte Erfolgsaussichten, während ein rötliches Mal oder eine besonders bewegliche Nasenspitze als gute Zeichen für finanzielle Belange gelten.

**7 T'ien Chai Kung – Der Palast von Haus und Hof** Dieser zweigeteilte Palast befindet sich zwischen den Brauen und dem oberen Lid. Er bezieht sich auf häusliche und familiäre Angelegenheiten sowie auf Haustiere und Vieh. Sind diese Bereiche gesund und rein, wird alles in Ordnung sein, sind sie aber vernarbt oder dunkel, macht sich die Person zu viele Sorgen. Ein Mal auf einem der Lider deutet auf einen Lebensabschnitt in Armut hin.

**8 Nun Nu Kung – Der Palast von Mann und Frau** Auch dieser Palast hat mit Familienangelegenheiten zu tun, und auch er ist zweigeteilt und liegt direkt unter den Augen. Natürlich sind der Augentyp und die Beschaffenheit des Gewebes rundherum sehr wichtig, um Vorhersagen machen zu können. Viele gekreuzte Fältchen deuten darauf hin, dass die Familie früh verlassen wird bzw. wurde. Ein deutliches Zickzackmuster bedeutet lose familiäre Bindungen und Mangel an Kontakt; Zeichen, die mit den Jahren immer deutlicher werden. Große Tränensäcke, grauer Teint, viele Falten und Flecken zeigen, dass die Familie für die Person eine ständige Quelle von Ärger und Sorge ist.

**9** **Ch'I Ch'ien Kung – Der Palast der Gefährtin** Dieser zweigeteilte Palast befindet sich auf den Wangenknochen. Er lässt Aussagen über den „wichtigen Anderen" im Leben eines Menschen zu. Für Männer ist vorwiegend der rechte Palast relevant, für Frauen der linke. Sehr straffe, glänzende Haut deutet Spannungen in der Ehe an. Eine Einbuchtung ist ein schlechtes Zeichen, spricht sie doch von Untreue. Ein Mal in diesem Palast zeigt eine kokette und möglicherweise verruchte Person. So lange aber die Wangenknochen nicht zu prominent sind und die Haut in diesem Bereich frei von Fehlern ist, darf ein gutwilliger, vertrauenswürdiger, rechtschaffener (Ehe)partner erwartet werden.

**10** **Nu P'u Kung – Der Palast der Diener** Dieser Palast beschreibt den Umgang mit Untergebenen und Angestellten und lässt auch Aussagen über das Verhalten unter gleichgestellten Freunden zu. Er befindet sich auf beiden Seiten des Kinns. Eine gefällig gerundete Form zeigt enge Freunde, die auf die Weisheit der Person vertrauen. Sollte dieser Bereich aber faltig oder fleckig sein oder Narben, einen schlechten Teint oder kleine Gruben aufweisen, so ist die Person taktlos und macht sich unnötig Feinde.

Die zwölf Paläste des Glücks

**⑪ Fu Te Kung – Der Palast des Schicksals** Der Fu Te Kung ist genau genommen alles andere als ein Palast. Er ist vielmehr eine Bezeichnung für die vorübergehenden Gesichtsausdrücke, die unseren Gefühlszustand offenbaren. Ein verärgertes Stirnrunzeln, Tränen der Traurigkeit oder ein glückliches Lächeln gelten als Aspekte des Palasts des Schicksals. Es ist das einzige Mal, dass Mimik im chinesischen Gesichtslesen berücksichtigt wird.

**⑫ Hsiang Mao Kung – Der Palast der Haltung** Gleich dem elften Palast bezieht sich auch der Hsiang Mao Kung nicht auf einen bestimmten Bereich des Gesichts, sondern dient der Beschreibung des Gesamteindrucks aufgrund der physischen Erscheinung. Mit einem Wort: Es ist die chinesische Kunst des Gesichtslesens selbst.

Die Zonen und Formen des Gesichts

## DIE FORM DES GESICHTS

### Die fünf Kräfte der Wandlung

Die östlichen Weisen sahen das Universum in stetem Wandel begriffen. Im Laufe der Jahrhunderte identifizierten die Chinesen fünf Zustände dieses Wandlungszyklus. Jedem gaben sie einen Namen, der zu ihrer Denkweise und Begrifflichkeit passte. Jeder dieser Zustände wird von dem davor geschaffen und erschafft seinen Nachfolger. Die chinesischen Weisen beschrieben diese Zustände als „Kräfte der Wandlung" oder „Kräfte der Veränderung". Im Westen neigen wir dazu, sie als „Elemente" zu bezeichnen. Nach der chinesischen Terminologie heißen diese Elemente Holz, Feuer, Erde, Metall und Wasser. Wir sind diesen Elementen bereits begegnet: In Gestalt der fünf tierischen Berge des Gesichts.

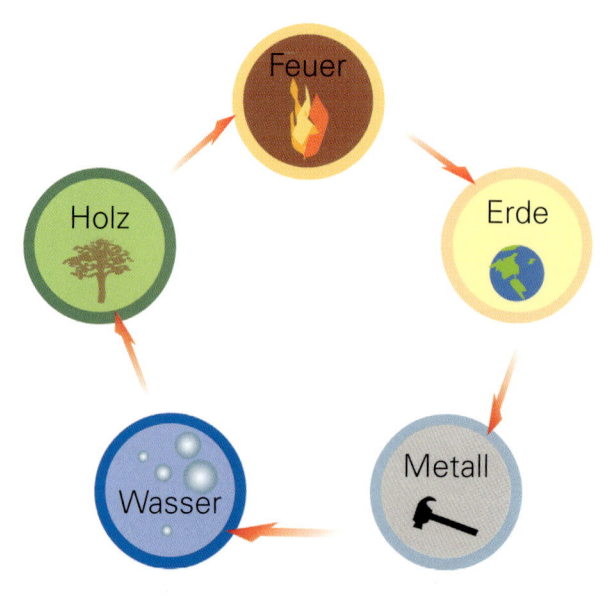

*Der Zyklus der Schöpfung*

**Die Form des Gesichts**

Gemäß des östlichen Symbolismus können die Elemente in einem Kreis angeordnet werden, der als „Zyklus der Schöpfung" bezeichnet wird – ein Konzept, das allen vertraut sein dürfte, die sich für Feng-Shui oder chinesische Medizin interessieren. In diesem Zyklus wird Holz zu Feuer verbrannt, Feuer erschafft Erde in Form von Asche und in den Tiefen der Erde entsteht Metall. Das geschmolzene Metall fließt wie Wasser, welches wiederum das Wachstum des Holzes fördert. Kurz gesagt unterstützt jedes Element das Folgeelement und bringt so den ganzen Zyklus in Gang.

Sollte dieser schöpferische Kreislauf jedoch unterbrochen werden, können Chaos und Zerstörung die Folge sein. Holz erschöpft die Erde, Erde verschmutzt das Wasser, Wasser erstickt das Feuer, Feuer schmilzt Metall und Metall zerhackt das Holz.

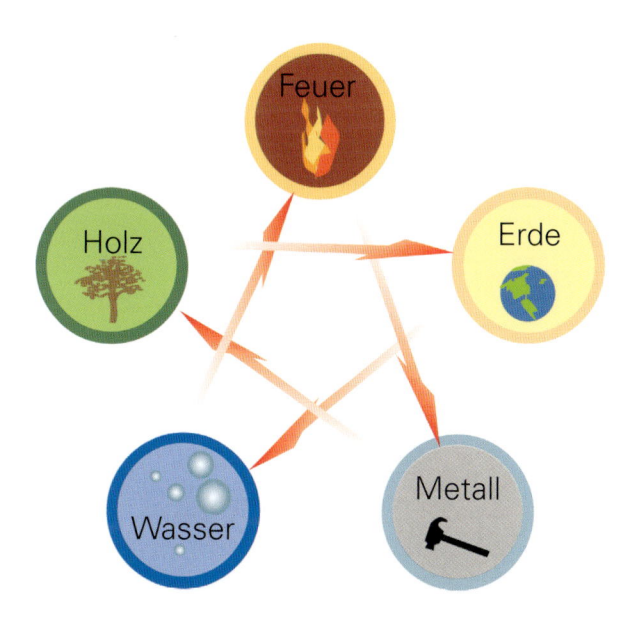

Der Zyklus der Zerstörung

## Die Zonen und Formen des Gesichts

Abgesehen von den offensichtlichen Eigenschaften wurden die Elemente noch mit weiteren Attributen versehen: Himmelsrichtungen, Farben, symbolische Tiere, Pflanzen, Klänge, Gerüche, Aktivitäten und, am wichtigsten für das Gesichtslesen, geometrische Formen und die ihnen zugesprochenen Charakterzüge. Das Element Holz wird durch ein Rechteck dargestellt, das Feuer durch ein Dreieck, Erde durch ein Quadrat, Metall durch ein Oval (oder ein auf die Spitze gestelltes Dreieck) und Wasser durch einen Kreis. Derart ergeben sich fünf grundlegende Gesichtsformen, die jeweils mit einer der Kräfte der Wandlung assoziiert werden. Zusätzlich kennt man zwei Varianten, die bestimmbar sind, aber nicht exakt in das System der fünf Elemente passen: das „Vulkangesicht", eine Variation des Feuer-Typs, und das „Eimergesicht", eine Variation des Metall-Typs.

**Elementare Formen**

| | | |
|---|---|---|
| | Holz | Rechteck |
| | Feuer | Dreieck, Spitze oben |
| | Erde | Quadrat |
| | Metall | Oval oder Dreieck, Spitze unten |
| | Wasser | Kreis |
| | Vulkan<br>Feuer-Variante | Trapez, Schmalseite oben |
| | Eimer<br>Metall-Variante | Trapez, Schmalseite unten |

## Die Form des Gesichts

**Das Holzgesicht** Die geometrische Form, die dem Element Holz entspricht, ist das Rechteck. Dementsprechend ist ein solches Gesicht einheitlich breit und deutlich in die Länge gezogen. Die Stirn dieses Typs ist hoch und üblicherweise von tiefen Falten durchzogen. Ein solches Gesicht wirkt einnehmend und würdevoll. Der Typus wird mit Warmherzigkeit und Optimismus in Beziehung gebracht. Männer dieses Gesichtstyps besitzen häufig einen zurückweichenden Haaransatz.

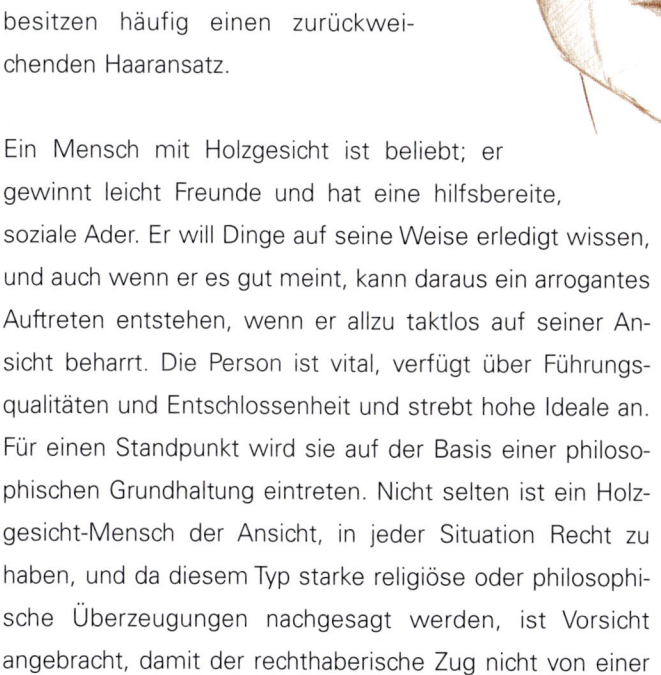

Ein Mensch mit Holzgesicht ist beliebt; er gewinnt leicht Freunde und hat eine hilfsbereite, soziale Ader. Er will Dinge auf seine Weise erledigt wissen, und auch wenn er es gut meint, kann daraus ein arrogantes Auftreten entstehen, wenn er allzu taktlos auf seiner Ansicht beharrt. Die Person ist vital, verfügt über Führungsqualitäten und Entschlossenheit und strebt hohe Ideale an. Für einen Standpunkt wird sie auf der Basis einer philosophischen Grundhaltung eintreten. Nicht selten ist ein Holzgesicht-Mensch der Ansicht, in jeder Situation Recht zu haben, und da diesem Typ starke religiöse oder philosophische Überzeugungen nachgesagt werden, ist Vorsicht angebracht, damit der rechthaberische Zug nicht von einer positiven Bestimmtheit in schädlichen Fanatismus umschlägt.

Die Zonen und Formen des Gesichts

**Das Feuergesicht** Das Symbol des Elements Feuer ist das Dreieck. Dementsprechend weist ein Feuergesicht ein breites Kinn und eine eher schmale Stirn auf und ähnelt so einem nach oben weisenden Dreieck. Menschen des Feuer-Typs haben meist Glück, sind sehr lustbetont und anziehend und können ungemein charmant und überzeugend sein. Sein „Siedepunkt" liegt jedoch sehr niedrig, und wenn ein solcher Mensch die Selbstkontrolle verliert, zeigt er ein gänzlich anderes Gesicht. Im Extremfall kommt es zu Wutanfällen, und selbst die mildesten Feuertypen blicken in der Regel auf eine ganze Reihe heftiger Affären zurück.

Feuergesichter sind für ihren zornigen Blick bekannt. Das kann ganz schön einschüchternd wirken. Wie man sich vorstellen kann, ist das Temperament einer Person des Feuer-Typs in der Regel ziemlich cholerisch, was an einer unglücklichen Kindheit oder fehlendem Rückhalt liegen mag. Feuertypen sind sehr ehrgeizig, weil sie eine tief liegende Sehnsucht verspüren, sich so weit wie möglich von ihrer Herkunft zu entfernen. Diese Sehnsucht ist auch der Grund für den Mangel an Geduld und die rasch aufsteigende Wut, wenn etwas nicht nach Wunsch verläuft.

## Die Form des Gesichts

**Das Erdgesicht** Die symbolische geometrische Form des Elements Erde, das Quadrat, zeigt sich in einer Gesichtsform, bei der Höhe und Breite annähernd gleich sind. Erdgesichter haben meist einen rötlichen Teint, buschiges Haar und ausdrucksvolle, gebieterische Augen, die einen Stich ins Rötliche aufweisen. Nase und Mund gehen eher in die Breite, wobei die Lippen aber eher schmal sind und die Zähne klein. Ein Mensch mit einem Erdgesicht erfreut sich guter Gesundheit, hat ein aktives Gesellschaftsleben und ist wahrscheinlich sehr körperbetont bis zu dem Punkt, sich irgendwann in seinem Leben mit Kampfsport zu beschäftigen.

Das Erdgesicht ist ein Indikator für Stärke und Entschlossenheit, auch wenn manche der Meinung sind, dass totale Sturheit eine treffendere Beschreibung darstellt. Menschen des Erd-Typus verfügen über große Energie und neigen zu voreiligen Schlüssen. Sie sind häufig unberechenbar und haben ein unstetes Temperament. Sie sind so impulsiv, dass sie sich ohne jede Einwirkung von außen in Schwierigkeiten bringen können. Freunde sind allerdings essenziell, um ihnen aus diesen Problemen wieder herauszuhelfen, weil es ihnen an innerer Stärke mangelt, um dies selbst zu bewerkstelligen.

### Die Zonen und Formen des Gesichts

**Das Metallgesicht**  Der Metall-Typ ist das Gegenteil des Feuer-Typs. Die Gesichter sind oval, können aber einfacher als auf die Spitze gestelltes Dreieck gesehen werden: eine breite Stirn, ein schmales Kinn. Die regulär geformten Gesichtsmerkmale sind recht ausgeprägt; allerdings kann der Mund etwas zu groß oder etwas zu klein geraten. Die großen, lebendigen Augen strahlen Aktivität aus und lassen Intelligenz und eine rasche Auffassungsgabe vermuten. Tatsächlich haben Metallgesichter einen extrem regen Geist, der nur selten zur Ruhe kommt.

Metall-Typen sind Kopfmenschen, die weit eher intellektuell als manuell arbeiten, mit diesem Umstand aber nicht unbedingt glücklich sind. Sie können schlecht entspannen und waren oft schwierige Kinder. Sie lieben es zu reden und scheuen keine erhitzte Debatte, so lange sie sich ihrer Sache sicher sind. Doch auch wenn das nicht der Fall sein sollte, übertrumpfen sie ihre Gegner nicht selten dank ihrer Schlauheit und gewitzten Rhetorik. Sie lernen gerne neue Menschen kennen, halten aber die meisten auf Distanz, weil emotionale Nähe sie verstört. Ein Metall-Typ ist der geborene Politiker, Verkäufer und Organisator. Er ist wahrscheinlich ehrgeizig und scharfsinnig und kann auch sehr gerissen sein, wenn es die Situation erfordert.

## Die Form des Gesichts

**Das Wassergesicht**  Die geometrische Form des Wassers ist der Kreis; Wassergesichter sind deshalb sehr leicht zu erkennen – sie sind rund; im Westen wird diese Form gerne als „Mondgesicht" bezeichnet. Wassergesichter sind meist bleich oder blutarm, was auf einen schlechten Kreislauf schließen lässt. Die Augen können, passend zum herrschenden Element, wässrig sein.

Personen mit Wassergesichtern mangelt es häufig an Selbstbewusstsein, was sie von der Unterstützung und dem Zuspruch anderer abhängig macht. Sind sie eine Zeit lang allein, so verlieren sie den Realitätssinn und schieben Entscheidungen so lange auf wie irgend möglich. Deshalb wird Wasser-Typen oft Faulheit vorgeworfen. Tatsächlich mangelt es ihnen tendenziell an Energie; häufig wirken sie müde und lethargisch. Das hat aber nichts mit Faulheit zu tun. Der Mangel an körperlicher Energie wird durch eine überreiche Vorstellungskraft kompensiert. Ihre reiche und detailfreudig ausgestaltete Fantasiewelt ist nicht selten ein besserer Platz zum Leben als die wirkliche Welt. Die extreme Imaginationskraft kann jedoch auch zu unrealistischen Erwartungen, Enttäuschungen und Hypochondrie führen.

## Die Zonen und Formen des Gesichts

**Das Vulkangesicht** Das Vulkangesicht ist eine Variante des echten Feuer-Typs, die aber in der Praxis weit häufiger anzutreffen ist. Die Umrisse des Vulkans sind ebenfalls dreieckig, erinnern aber mehr an eine abgeflachte Pyramide. Dieser Gesichtstyp tendiert zur Knochigkeit und hat wenig Weiches an sich. Er wirkt blässlich und die Haut ist oft von vielen Muttermalen gesprenkelt. Mit dem echten Feuer-Typ hat er gemein, dass seine Kindheit wenig glücklich gewesen sein dürfte. Unter der Oberfläche ist nicht selten eine große Verbitterung verborgen, die dem Vulkan-Typ der Antrieb zu großen Vorhaben und ehrgeizigen Plänen sein kann, bei denen es darum geht, der Welt seinen Stempel aufzudrücken. Er ist tief in seinen Gedanken, kann aber mit anderen umgehen, solange sie ihm nicht in die Quere kommen. Wie der Feuer-Typ hat er eine sehr ausgeprägte Libido, dabei aber eine viel bessere Selbstkontrolle. Statt in Gewaltausbrüchen drücken sich seine Ärgernisse eher in bitterem Sarkasmus aus. Diese Selbstkontrolle liefert einen weiteren Hinweis: Er ist ein Einzelgänger aus Überzeugung, gilt vielleicht als Exzentriker mit unüblichen Neigungen und hat sehr individuelle Hobbys und Leidenschaften.

## Die Form des Gesichts

**Das Eimergesicht:** Auch das Eimergesicht ist kein echter Elemente-Typ, sondern eine Variante des Metallgesichts. Seine Form ist das Gegenteil des vulkanischen Typs: ein abgeschnittenes Dreieck, das oben am breitesten ist und nach unten in ein schmales, flaches Kinn ausläuft. Eimergesichter sind die prototypischen Künstler: Sie verfügen über die Entschlossenheit des Metalls ebenso wie über die Weichheit und Fantasie des Wassers. Dieser Typ hat vielfältige Interessen. Er ist intelligent, scharfsinnig und gewitzt und lernt sehr rasch. Im Gegensatz zu den gerissenen, abgebrühten echten Metall-Typen können Eimergesichter verletzlich und hypersensibel sein; der Schmerz anderer ist ihnen intensiv bewusst.

Diese freundliche, extrovertierte Persönlichkeit will von anderen geliebt und anerkannt werden. Sie möchte das Leben in vollen Zügen auskosten, die verschiedensten Menschen kennenlernen und deren Gesellschaft genießen, wenn auch zu ihren Bedingungen. Dem Eimergesicht stehen deshalb mitunter einige harte Lektionen ins Haus, weil es Menschen gibt, die seinen guten Willen zu ihrem Vorteil auszunützen versuchen. Eine weitere unter Eimergesichtern häufige Eigenart ist, sehr jung zu heiraten. Das liegt an der Kindheit, in der es diesen Typus sehr stark nach emotionaler Geborgenheit verlangte.

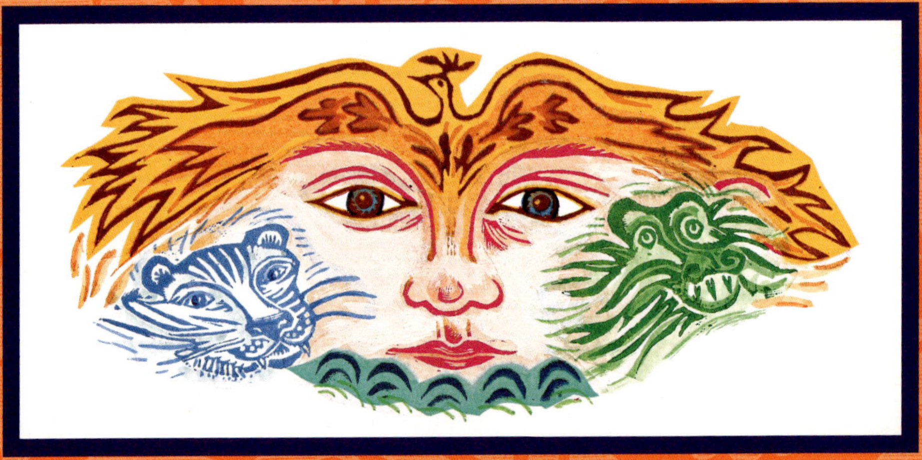

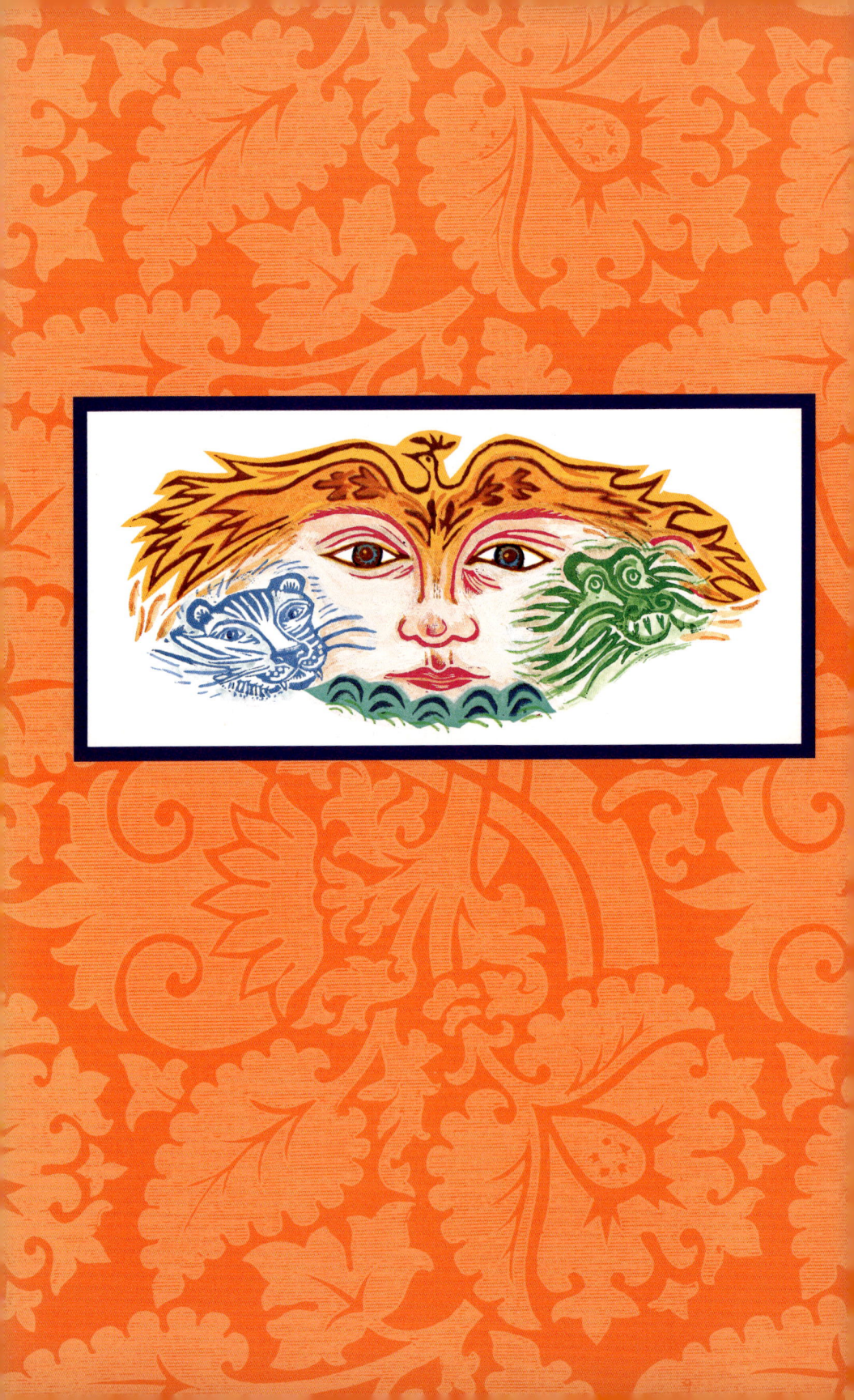

# 2

## DIE STIRN

**Die Stirn**

Vorstellungskraft

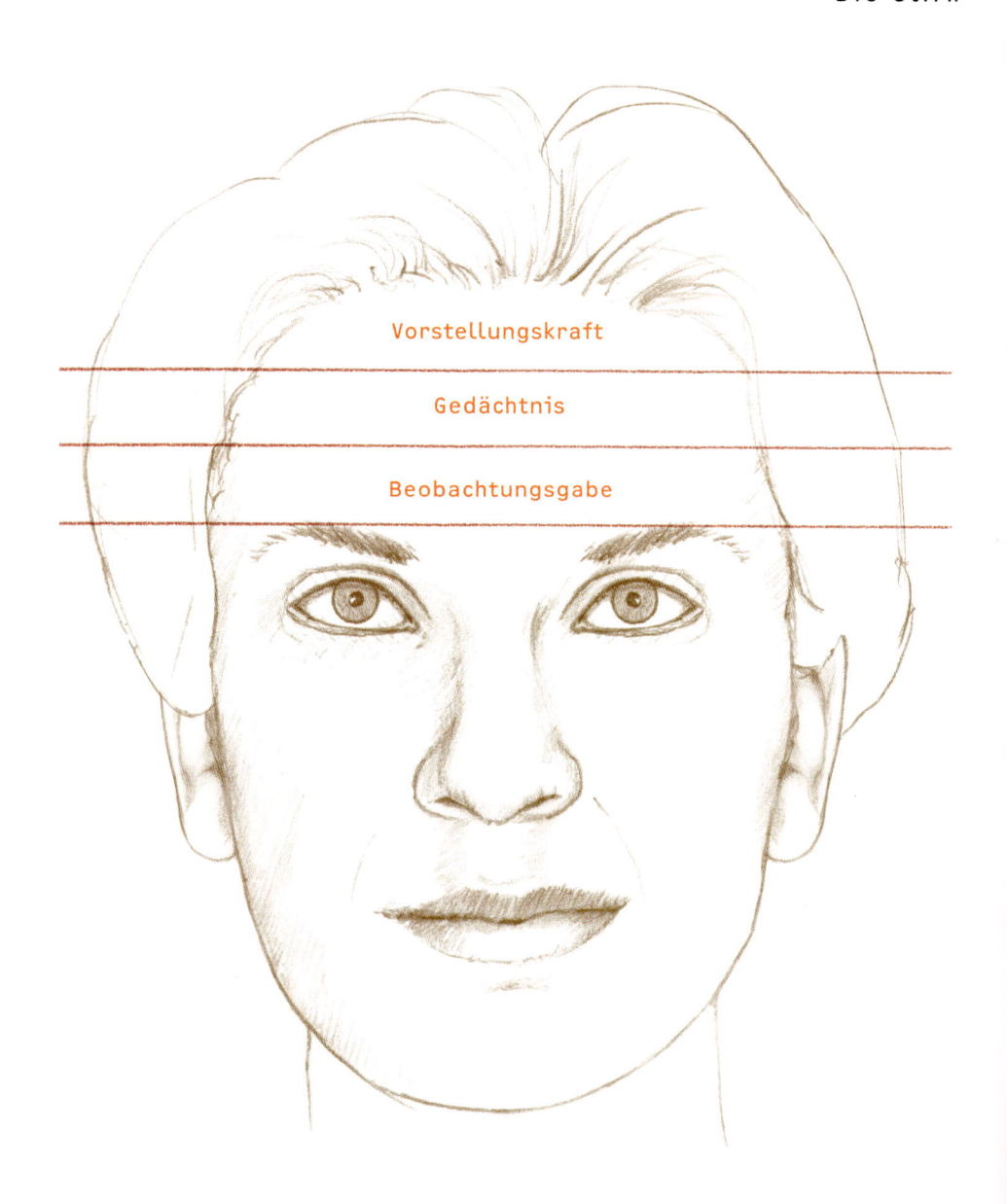

Gedächtnis

Beobachtungsgabe

Die drei Bereiche der Stirn

# DER BERG
# DES PHÖNIX

Die Stirn deckt sich mit der gesamten Himmelsregion des Gesichts. Zudem zählt sie zu den Hauptmerkmalen oder „fünf Bergen" des Gesichts. Ihr symbolisches Tier ist der Phönix, auch bekannt als der rote Vogel des Südens, und der ganze Bereich wird vom Feuer-Element beherrscht. Das Feuer repräsentiert die intellektuellen Fähigkeiten und die Denkprozesse. Die Chinesen berücksichtigen die Höhe und Breite der Stirn ebenso wie sämtliche besonderen Merkmale wie Falten oder Runzeln, die nach ihrer Vorstellung alle mit der geistigen Kapazität und der Lernfähigkeit zu tun haben.

Chronologisch gesehen wird die Stirn der Jugend zugerechnet. Der zentrale Bereich genau über dem Haaransatz ist der Alterspunkt 14. Jahr. Fünf der dreizehn bedeutsamen Punkte finden sich hier: 15., 18., 21., 24. und 27. Jahr. Die anderen Alterspunkte dieser Lebensphase sind über den ganzen Stirnbereich verstreut.

# DIE DREI ZONEN
# DER STIRN

Neben dem Haaransatz und der Breite und Höhe der Himmelsregion ist ein weiterer wichtiger Faktor für die Interpretation dieses Bereichs zu berücksichtigen: Die Unterteilung der Stirn in drei waagerechte Zonen, bezogen

**Die Stirn**

auf bestimmte mentale Fähigkeiten. Die oberste Zone (direkt unter dem Haaransatz) steht für die Vorstellungskraft. Der mittlere Bereich repräsentiert das Gedächtnis und der unterste, das Stirndrittel oberhalb der Brauen, die Beobachtungsgabe.

Alles Auffällige, jede Wulst, Narbe oder Verfärbung in einem dieser Bereiche enthüllt Vor- oder Nachteile im Zusammenhang mit der repräsentierten mentalen Fähigkeit. Wenn sich das untere Drittel, über den Brauen, etwas hervorwölbt, ist die Auffassungsgabe gestärkt. Ist die Wölbung eher mittig, verweist das auf ein ausgezeichnetes Gedächtnis. Und ist sie unter dem Haaransatz, kann man von lebhafter Imagination ausgehen und vielleicht einem Hang zu fantasievoller Übertreibung.

## DER HAARANSATZ

Der Ansatz des Haupthaares kann gerade oder nicht gerade sein. Ein gerader Ansatz verweist auf eine geradlinige Person, die sich nicht außerhalb der gesellschaftlichen Konventionen bewegt. Dementsprechend wird sich ein Mensch mit ungeradem Haaransatz eher rebellisch verhalten. Es ist deshalb wahrscheinlich, dass sich die Ansichten, Meinungen und Glaubensvorstellungen einer solchen Person nicht mit der Mehrheitsmeinung decken.

## WEICHENDER ANSATZ

Besonders bei Männern weicht der Haaransatz häufig zurück. Will man die Form des Haarwuchses beurteilen, sollte nicht

Die Form des Haaransatzes

die Höhe der Stirn überschätzt werden. Haarausfall vergrößert die Stirn nicht; bei genauer Betrachtung lässt sich der ursprüngliche Haaransatz ausfindig machen.

# DIE FORM DES HAARANSATZES

Analog zum gesamten Gesicht wird auch die Form des Haaransatzes in fünf Kategorien entsprechend den fünf Elementen der chinesischen Tradition unterteilt.

### Der lange, gerade Haaransatz

Diese Form findet sich häufig bei Menschen mit (quadratischem) Erd-Gesicht oder (rechteckigem) Holz-Gesicht. Zumeist ist die Person rational und methodisch. Solche geradlinigen und konventionellen Typen können auch etwas fantasielos und dem täglichen Trott verhaftet sein.

### Der kurze, gerade Haaransatz

Kommt häufig bei Menschen der Metall-Gesichtstypen vor und ähnelt der Langversion. Aber zusätzlich sind solche Personen selbstbesessen und neigen dazu, ihre Wünsche zu unterdrücken. Dementsprechend können sie leicht reizbar sein und haben engstirnige, moralistische Ansichten.

**Die Stirn**

Dies kann auf eine unglückliche Kindheit und ein Verlangen nach Anerkennung und Zuneigung verweisen. Oft sind sie ängstlich und manchmal promiskuitiv.

### Der gerundete Haaransatz

Das ist das wässrige Haarwuchs-Muster; passend zur Veränderlichkeit dieses Elements mag eine Person mit dieser Haaransatz-Form wankelmütig sein. In Kombination mit einem Wasser-Gesicht ergibt sich ein abergläubischer, in seinen Fantasien verlorener Charakter. Mit anderen Gesichtstypen spricht der runde Ansatz hingegen für eine ausgeprägte Intuition und Gefühlsoffenheit.

### Der Dreiecks-Haaransatz

Ein nach oben hin zugespitzter Haaransatz entspricht dem Feuer-Element, und das bedeutet großen Ehrgeiz und den Drang, nach ganz oben zu kommen. Eine solche Person dürfte sehr intelligent sein, jedoch zugleich auch sehr intolerant gegenüber der Meinung anderer und entsprechend festgefahren in ihrer eigenen. Die Form könnte auch den Wunsch enthüllen, sich so weit wie möglich von seiner Herkunft zu entfernen und sein Leben in neuer, befriedigenderer Form zu gestalten.

Die Höhe der Stirn

## Die Stirnhaarspitze

Der M-förmige Umriss eines in der Mitte nach unten weisenden Haaransatzes ist die Entsprechung des Holz-Elements. Die Besitzer einer Stirnhaarspitze (nicht zu verwechseln mit den optisch ähnlichen Geheimratsecken) sind nicht gerne für andere verantwortlich; viele ziehen es vor, allein zu leben. Diese Form zeigt großes Talent, aber auch den Hang zu Selbstzweifeln an und kann ein Zeichen für eine sehr empfindsame und kreative Natur sein. Obwohl der Mensch mit einem solchen Ansatz in der Regel schüchtern ist, verlangt es ihn nach öffentlicher Anerkennung. Andererseits können auch Überheblichkeit, Genusssucht und Eitelkeit bis hin zum Narzissmus vorkommen.

# DIE HÖHE DER STIRN

Der Volksmund kennt die Höhe der Stirn eines Menschen als wichtigsten Gradmesser seiner Intelligenz. Die chinesischen Gesichtsleser teilen diese Ansicht und fügen noch die Eigenschaft Gewitztheit hinzu. Deshalb wird ein Mensch mit einer prominenten, hohen Stirn automatisch für klüger gehalten als einer mit einer niedrigen.

Die Höhe der Stirn sollte von dem Punkt zwischen den Augenbrauen bis zum Haaransatz gemessen werden. Nach klassischen Proportionsvorstellungen soll diese Distanz gleich groß wie die Länge der Nase und der Abstand von

# Die Stirn

der Nasen- zur Kinnspitze sein. Sollte die Stirnhöhe im Vergleich geringer ausfallen, deutet das auf einen Mangel an Intelligenz, Voraussicht und Charisma. Auch geringe soziale Kompetenz kann damit angezeigt sein. Das Arbeits- und das Beziehungsleben könnten unter wiederholten hitzigen Auseinandersetzungen leiden.

## DIE BREITE DER STIRN

Dazu misst man den Abstand von Schläfe zu Schläfe entlang einer Linie etwa daumenbreit oberhalb der Brauen. Die Breite der Stirn steht symbolisch für das Maß an Über- oder Weitblick: Ist die Stirn breit, ist der Geist bereit, sich neuen Ideen zu öffnen. Ist die Stirn jedoch eng, wird auch der Weitblick des Besitzers eingeschränkt sein. Eine engstirnige Person ist intolerant und fest in vorgefassten Meinungen und Vorurteilen gefangen.

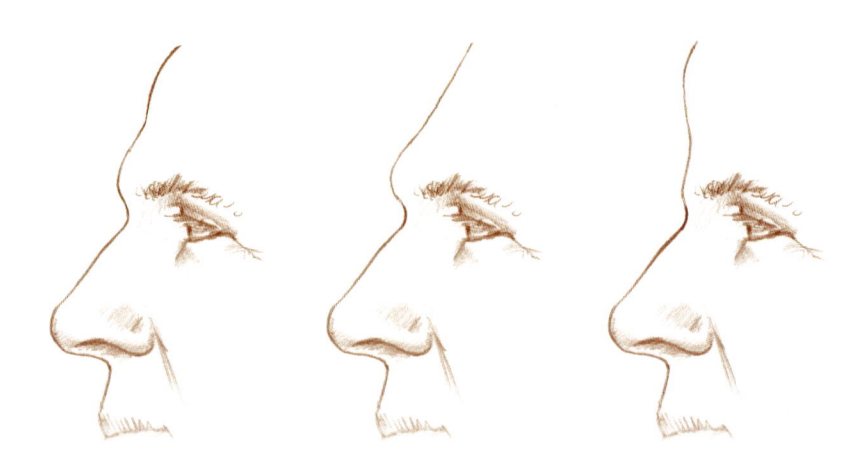

*Die Höhe der Stirn*

# DIE SIEBEN
# WAAGERECHTEN LINIEN

Die horizontalen Linien auf der Stirn können uns noch mehr erzählen. Genau genommen befasst sich chinesisches Gesichtslesen kaum mit ihnen, ganz im Gegensatz zur westlichen Kunst der Physiognomik. Den Erkenntnissen dieser Disziplin zufolge enthüllen die Stirnlinien das öffentliche Image einer Person und inwiefern sie auf die Gesellschaft Einfluss nimmt.

Sieben Linien können auf der Stirn gefunden werden, symbolisiert von den traditionellen Planeten der Astrologie. Die oberste wird dem mürrischen Pessimisten Saturn zugerechnet. Gleich darunter findet sich die optimistische Jupiter-Linie. Es folgen die kriegerische Mars-Linie und, im Zentrum der Stirn, die Sonnen-Linie, die zeigt, inwiefern sich jemand selbst annimmt. Die amouröse Venus, der eloquente Merkur und der häusliche Mond bestimmen den Charakter der weiteren Linien.

In der Praxis ist es schwierig auszumachen, welche Linien vorhanden sind. Manche Menschen haben überhaupt keine Stirnlinien, was auf Charakterschwäche schließen lässt. Alle sieben zu haben ist jedoch auch ein schlechtes Zeichen; für Verwirrung und Melancholie. Drei deutliche parallele Linien sind ideal: Sie werden als „Dreifaches Glück" bezeichnet und sollen Glück, einen guten Start ins Leben und ein hohes Alter in Wohlstand verheißen.

Eine ausgeprägte waagerechte Linie quer über die Mitte der Stirn ist ein guter Indikator für ein Leben voller bemerkens-

**Die Stirn**

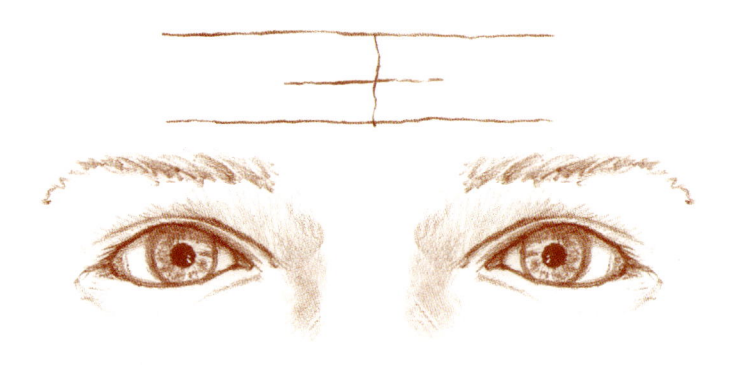

werter Errungenschaften. Der glückliche Besitzer einer wohldefinierten Sonnenlinie sollte sich eines guten Rufes erfreuen und ist vielleicht sogar eine Berühmtheit. Die zentrale Linie deutet auch auf einen optimistischen, kerngesunden Menschen voller Tatkraft hin.

Sollte die dominante Linie näher bei den Augenbrauen sein, handelt es sich wahrscheinlich um die Merkurlinie. Das ist nicht ganz so vorteilhaft wie die Sonnenlinie, zeigt aber Klugheit, rasches Denken, Redegewandtheit und alles in allem eine geistreiche Persönlichkeit an.

Sollte eine der waagerechten Linien narbig, fleckig, ausgefranst, unterbrochen oder sehr schwach sein, zeigt das die Präsenz eines schweren Schicksals. Eine der drei Stirnzonen (Vorstellungskraft, Gedächtnis, Beobachtungsgabe) ist geschädigt – je nachdem in welchem Bereich die unperfekte Linie zu finden ist.

Senkrechte Linien

# SENKRECHTE LINIEN

Den senkrechten Linien, die sich von der Nasenwurzel erheben, wird größte Bedeutung beigemessen: Sie gelten als Enthüller des individuellen Schicksals.

### Die hängende Nadel

Die hängende Nadel bezeichnet eine einzelne zentrale Linie oberhalb der Nasenwurzel. Sie gilt ganz allgemein als gutes Zeichen und steht im Besonderen für große Konzentrationsfähigkeit. Dieser Charakter wird es durch Fleiß, Ausdauer und Weitblick in eine gehobene Position schaffen. Leider kann dieses Merkmal auch Selbstsucht, Ängstlichkeit und eine Neigung bedeuten, sich Feinde zu machen, die finanzielle Probleme bereiten. Die Aussichten werden deutlich besser, wenn eine zweite Linie von der Nadel abzweigt. Wenn die Linie von Querlinien gekreuzt wird, ist die Person übermäßig zielstrebig bis hin zur Rücksichtslosigkeit und könnte eine Neigung zu Gewaltausbrüchen haben.

### Parallele Linien

Zwei parallele, senkrechte Linien zeichnen ausgeglichene Persönlichkeiten aus. Sie zeigen, dass die Person gewillt ist, beide Seiten zu hören und ein unparteiisches Urteil zu

# Die Stirn

fällen. Allerdings kann sich diese grundsätzliche Auslegung durch die unterschiedlichen Formen paralleler Linien deutlich verändern.

### Inwärts geneigte Linien

Wenn die beiden Linien aufeinander zulaufen, enthüllt das einen selbstbezogenen Charakter, aber ohne die Rücksichtslosigkeit der einzelnen Linie. Es ist wahrscheinlich, dass diese Person Beziehungsprobleme hat, weil sie zu selbstsüchtig ist, um auf die Wünsche des Partners einzugehen.

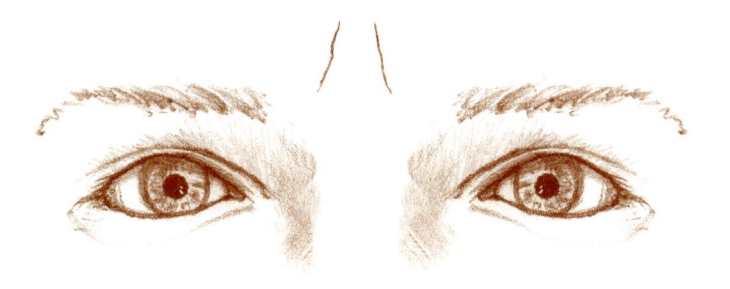

### Einwärts gekrümmte Linien

Senkrechte Linien in der Form von Rücken an Rücken stehenden Klammern bedeuten, dass diese Person Schwierigkeiten hat, zu ihren Überzeugungen zu stehen. Sie ist ängstlich und hat wenig Selbstvertrauen.

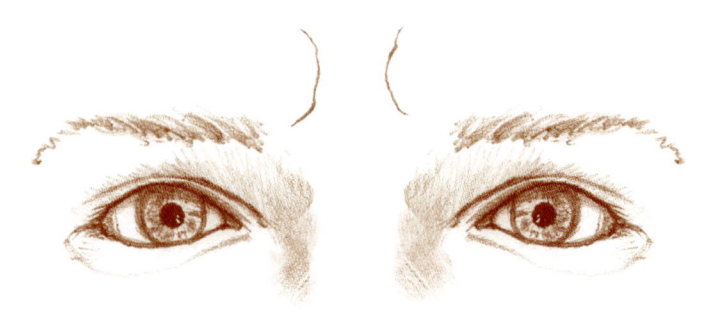

**Senkrechte Linien**

### Mäandernde Linien

Mäandernde parallele Linien haben ziellose Menschen, die von Unsicherheit geplagt werden. Der unglückliche Eigner dieses Merkmals wird schwerlich eine Führungsrolle einnehmen, sondern haltlos von Job zu Job, von Beziehung zu Beziehung wandern. Traditionell gilt dies als sehr schlechtes Stirnmerkmal, das auf eine Person in ernstlicher Gefahr hinweist.

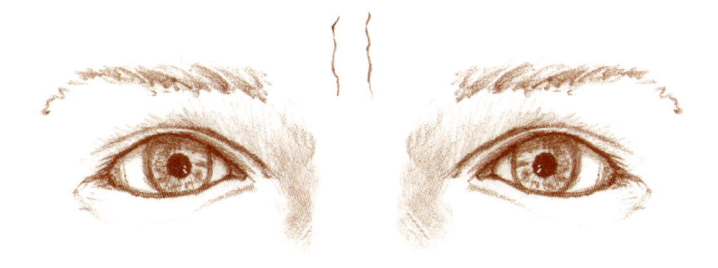

### Durchkreuzte senkrechte Linien

Parallele Linien, die von Querrillen durchbrochen werden, zeigen einen reizbaren, angespannten Charakter. Menschen mit diesem Merkmal sind oft frustriert und traurig und sehen sich außerstande, ernsthafte Beziehungen aufrechtzuerhalten.

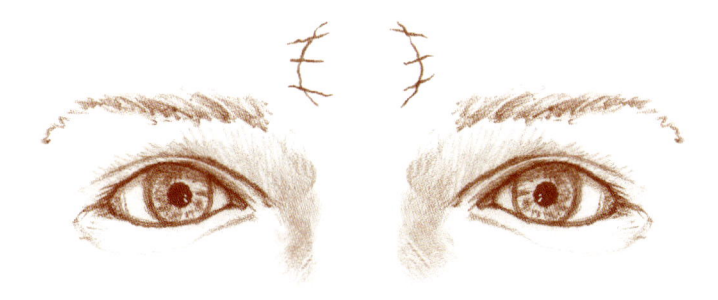

**Die Stirn**

### Unterbrochene Linien

Sind die Linien nicht mehr als eine Ansammlung kurzer Striche, muss der Betreffende mit Problemen rechnen – speziell im dritten Lebensjahrzehnt. Das muss nicht katastrophal, sondern kann auch persönlichkeitsbildend sein. Was immer in den 20ern des Menschen an Negativem geschieht, kann wahrscheinlich später korrigiert werden.

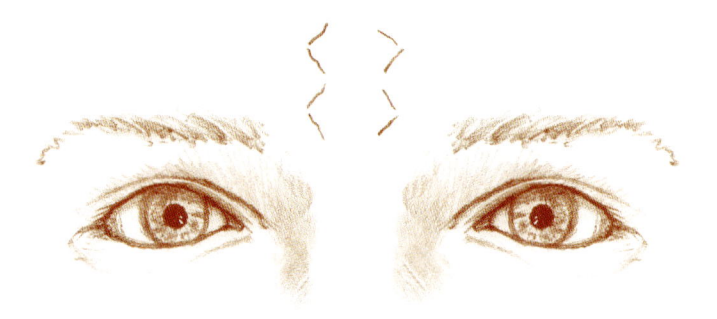

### Drei senkrechte Linien

Drei parallele senkrechte Linien gelten als sehr gutes Zeichen. Die glückliche Person wird es zu hohem Ansehen und Autorität, mitunter sogar Ruhm bringen. Sie wird einflussreich sein und von ihrer Berühmtheit profitieren.

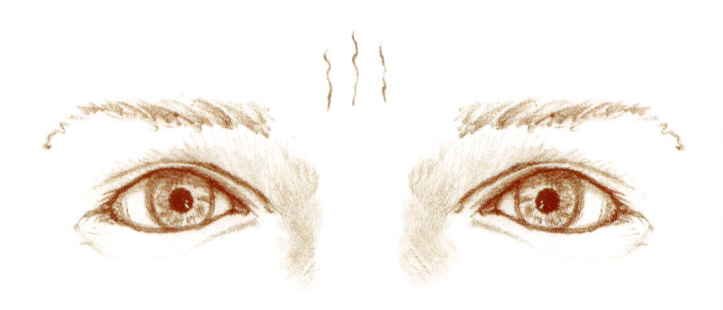

## Senkrechte Linien

### Dreizack-Linien

Wenn die beiden äußeren der drei Linien auseinanderlaufen, ist das generell positiv, es kann aber Probleme mit einigen rüden, mürrischen und eigensinnigen Charakterzügen geben.

### Drei unterbrochene, zittrige Linien

Dies gilt als sehr schlechtes Omen, das traditionell als Zeichen einer kriminellen Veranlagung gesehen wird. Auf jeden Fall ist die Person rücksichtslos und bereit, für ihren Vorteil auf unehrliche Methoden zurückzugreifen.

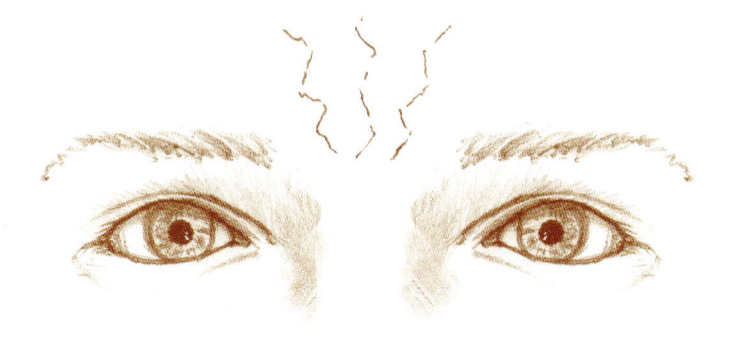

# Die Stirn

### Vier oder mehr vertikale Linien

Viele senkrechte Linien gelten als ungünstig, auch wenn sie gut ausgeformt, gerade und makellos sind. Sie sind ein Indikator für eventuell völliges Fehlen von Zielbestimmtheit und eine Unruhe, die keinen geistigen Frieden zulässt. Zwar wird der Besitzer dieses Merkmals über zahlreiche Talente verfügen, aber nur selten wird er Dinge zu Ende bringen, sondern sich in fruchtlosen und unüberlegten Bemühungen verlieren. Dieses Merkmal taucht häufig im Zusammenhang mit zerstörerischem Alkohol- oder Drogenmissbrauch auf.

## CHINESISCHE SCHRIFT AUF DER STIRN

Manche chinesische Schriftzeichen haben im Mian Xiang Bedeutung – auch wenn es wenig wahrscheinlich ist, eine Kombination von senkrechten und waagerechten Linien zu finden, die diesen Zeichen entsprechen. Die erste Kombination erinnert an das Zeichen für „König", die zweite an das für „Berg". Sollte Ihnen dennoch jemand begegnen: Diese Person ist vom Schicksal auserwählt. Sie wird von Familie

**Chinesische Schrift auf der Stirn**

und Freunden geliebt und respektiert, und selbst Fremde schließen sich ihr gern an. Sie wird Prominenz und Wohlstand erlangen und vielleicht Geschichte schreiben.

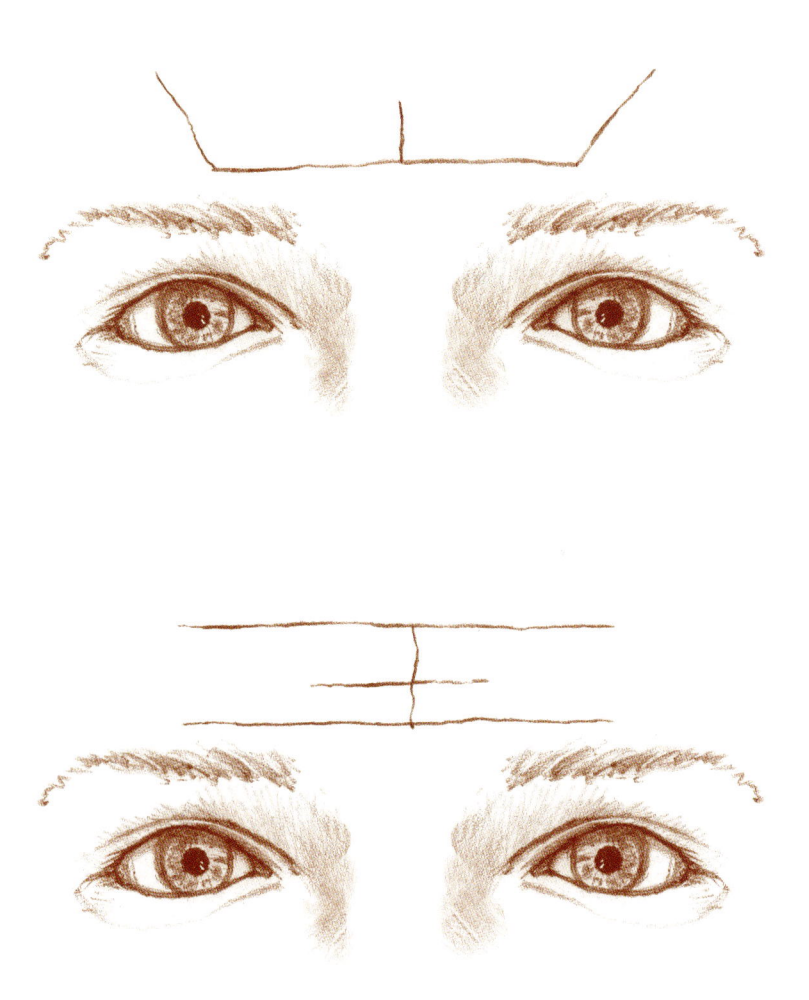

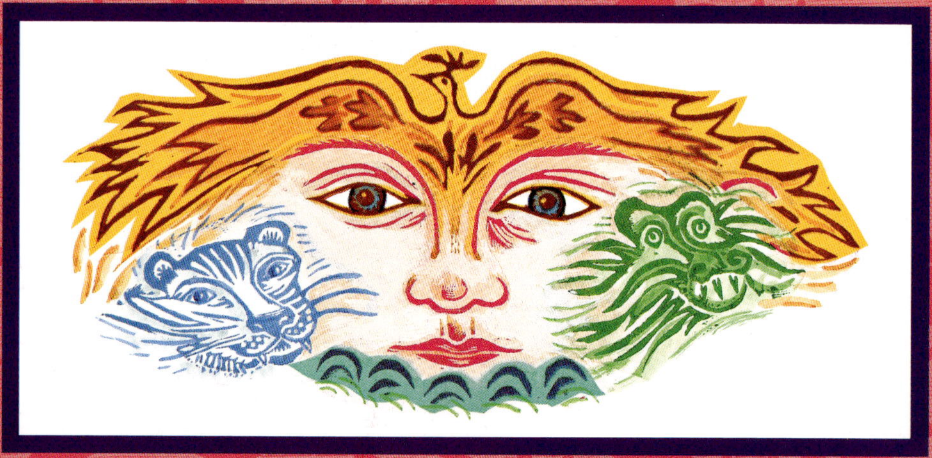

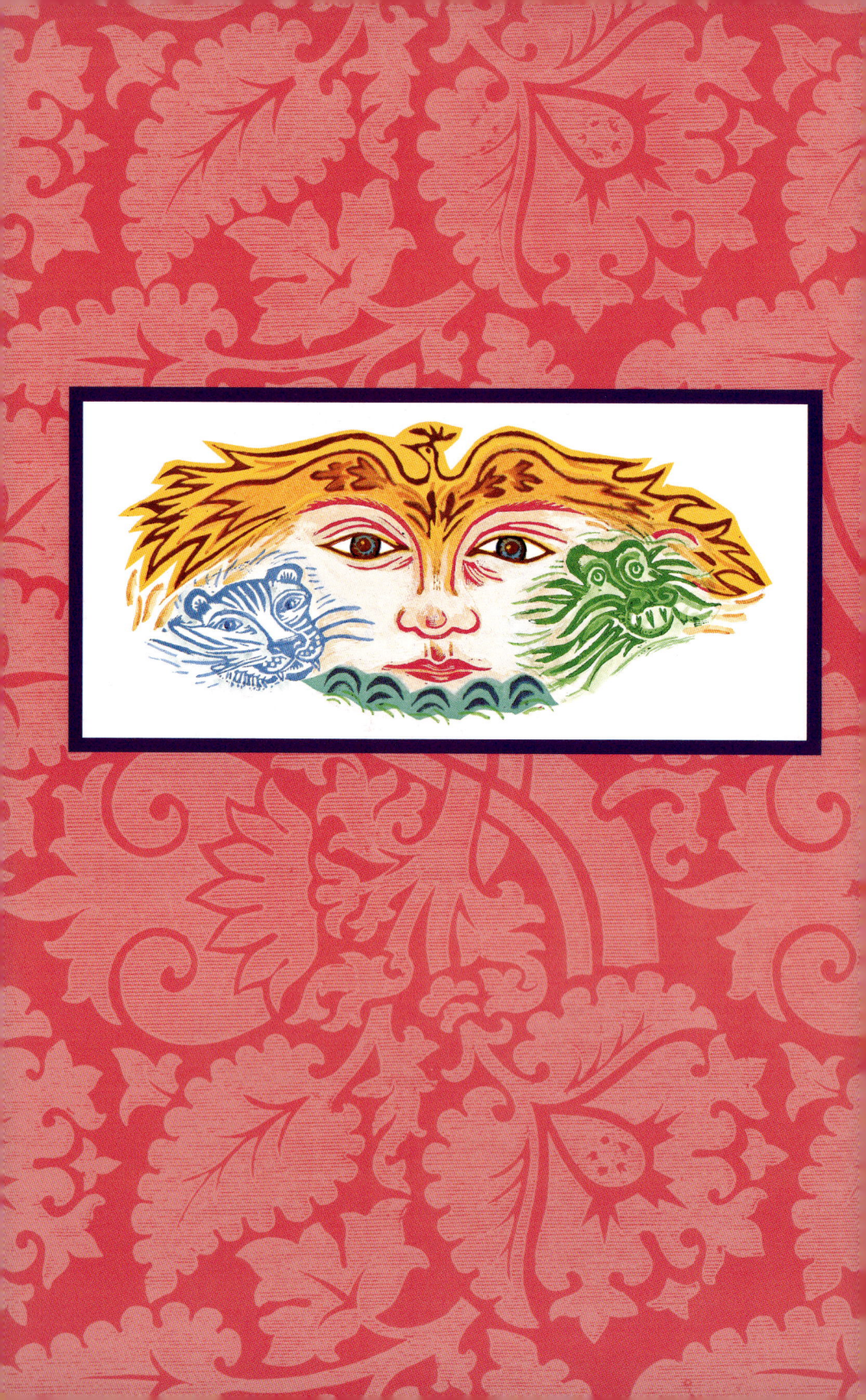

# 3

## DIE AUGEN

Die Augen

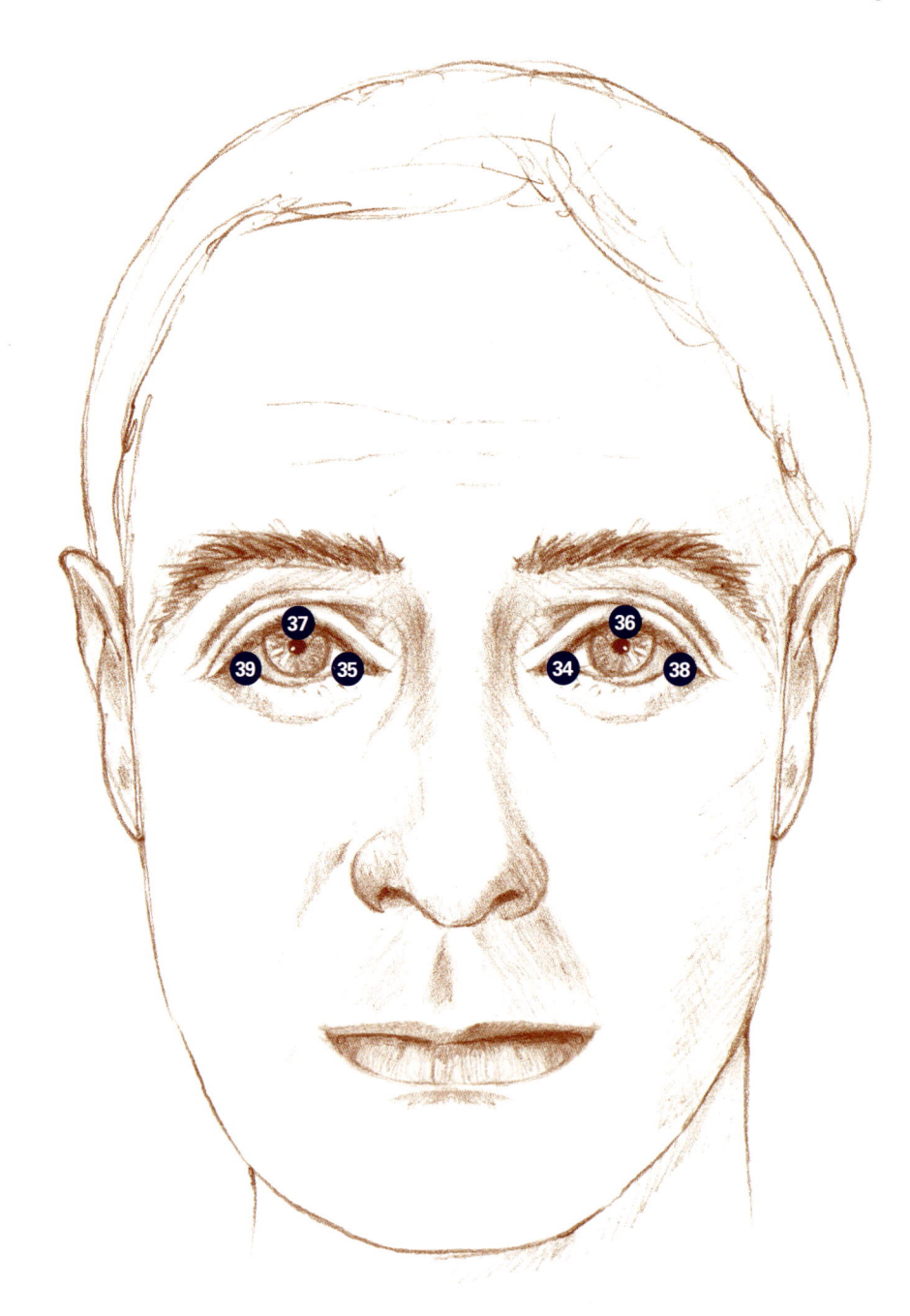

Alterspunkte der Augen

58

**Generelle Charakteristika**

Die Augen werden als Spiegel der Seele betrachtet. Sie sind das Erste, was uns auffällt, weil durch sie die wirkliche Person durch die Maske des Gesichts sichtbar wird. Nur die Augen bleiben im Großen und Ganzen während des gesamten Lebens gleich, wohingegen sich die Nase, die Ohren, der Haaransatz und der Mund durch Wachstum und Alterung verändern.

Die Alterspunkte in den Augen stehen für die mittleren und späteren 30er. Die inneren Augenwinkel repräsentieren die Jahre 34 (links) und 35 (rechts), die Pupillen die Jahre 36 (links) und 37 (rechts), die äußeren Augenwinkel schließlich das Alter von 38 (links) und 39 Jahren (rechts).

Relevante Paläste des Glücks sind der *T'ien Chai Kung*, der Palast von Haus und Hof, direkt über den Augen, und der *Nun Nu Kung*, der Palast von Mann und Frau, direkt darunter. Diese Paläste korrelieren mit familiären Beziehungen und häuslichen Angelegenheiten.

## GENERELLE CHARAKTERISTIKA

Das Auge wird nach seiner Lage, seiner Klarheit und seiner Form interpretiert. Das „ideale" Auge hat eine große Iris, die aber nicht so groß ist, dass sie beinahe das Weiße überdeckt. Eine zu kleine Iris legt nahe, dass die Person unfallgefährdet ist und immer wieder unverschuldet in Schwierigkeiten gerät.

# Die Augen

Die Augen sollten nicht blutunterlaufen oder von deutlich sichtbaren Blutgefäßen durchzogen sein. Sie sollten nicht hervorquellen oder gewohnheitsmäßig ärgerlich wirken. Allgemein gilt: Je klarer die Pupille ist, desto besser.

Wenn die Augen matt wirken oder von tief liegenden, dichten Augenbrauen überschattet werden, wird das mit Wolken verglichen, die das Licht des Mondes aussperren. Diese Merkmale weisen auf jemanden hin, der alles plant, aber sich zu sehr in Details verstrickt. Diese Person wird ihre Pläne selten durchführen. Es kann auch jemanden bedeuten, der viel verspricht und wenig hält.

*Augen unter dichten Brauen*

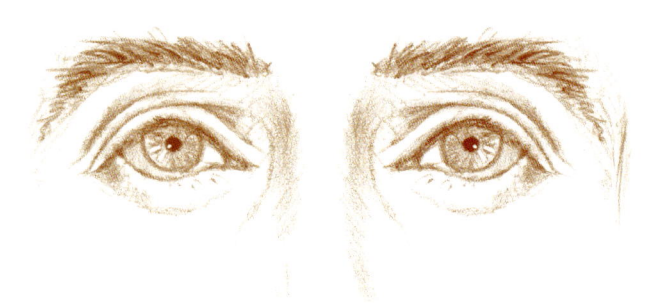

Große, breite Augen mit einem überraschten Ausdruck werden als Zeichen eines unbekümmerten, zugänglichen Menschen gesehen, der nichtsdestotrotz ein gerissener Geschäftsmann ist. Tiefe, dunkle Augen deuten künstlerisches Talent und starke Gefühle an. Hervorquellende oder rundliche, starrende Augen gehören zu einem harten Arbeiter, der ein Unglück erdulden musste. Dieser Mensch wird sich sehr anstrengen müssen, um etwas zu erreichen.

**Die Neigung der Augen**

Wohlgeformte Augen an der richtigen Stelle zeigen eine kokette Natur und einen starken Sexualtrieb.

Ein Mensch, der den Blick des anderen hält, ist ehrlich, vertrauenswürdig, vernünftig, aufgeschlossen und großmütig.

Senkt jemand im Gespräch den Blick, ist das eigensinnig und wichtigtuerisch. Die Person wird andere jederzeit an ihrer Weisheit teilhaben lassen, ob sie wollen oder nicht.

Ein gehetzter, unsteter Blick deutet auf viele Ideen, Pläne und Wünsche hin. Jedoch ist so jemand schnell gelangweilt, hat wenig Durchhaltevermögen und kann sich nur schwer für längere Zeit auf eine Sache konzentrieren. Ein sorgfältig abwägender Mensch sucht seinen Gesprächspartner mit den Augen ab. Er ist ein geschickter, scharfsinniger, gerissener bis fragwürdiger Pragmatiker.

## DIE NEIGUNG DER AUGEN

Auch die Neigung der Augen wird als wichtig erachtet. Im Idealfall sind die Augen entlang einer waagerechten Ebene ausgerichtet, sie können aber auch nach oben oder unten geneigt sein. Je mehr es aufwärts geht, desto extrovertierter, bestimmter, stolzer und willensstärker der Träger.

Glückliche Augen

# Die Augen

Traurige Augen

Eine Abwärtsneigung vermittelt einen eher traurigen Eindruck. Das täuscht aber, denn in Wahrheit ist so jemand durchaus fröhlich, wenn auch bedacht und introvertiert. Seine sympathisches, gütiges und freundliches Wesen wird ihm zu langen, glücklichen Beziehungen verhelfen.

## KRÄHENFÜSSE

Im Westen gibt das Auftauchen von Krähenfüßen um die Augen oft Anlass zur Besorgnis, aber im Osten sieht man das ganz anders. Ab einem Alter von vierzig sind kleine Fältchen insbesondere an den äußeren Rändern der Augen eine völlig normale Alterserscheinung. Entstehen die Krähenfüße allerdings bereits in der Jugend, haben sie eine besondere Bedeutung. Entsprechend den Alterspunkten bezieht sich der äußere rechte Augenrand auf das 28., der äußere linke Rand auf das 29. Lebensjahr.

Vier oder weniger schmale Fältchen am Rand des Auges können allgemeine Hinweise zum Verlauf des Lebens liefern. Es ist günstig, so jemanden in schwierigen Zeiten an seiner Seite zu wissen. Die Person verfügt über erstaunliche organisatorische Fähigkeiten und ist stets bereit, sich Herausforderungen zu stellen.

**Krähenfüße**

Nach oben zeigende Falten gelten als sehr viel versprechendes Zeichen, denen zufolge ein günstiges Schicksal und Beziehungsglück wartet. Eine Abwärtsneigung bedeutet hingegen weniger harmonische Partnerschaften, Probleme in der Arbeit und Geldschwierigkeiten.

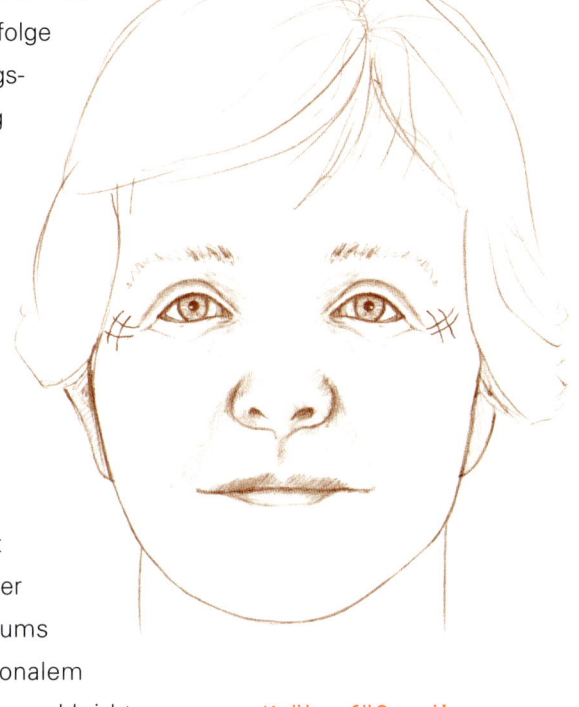

Ganz schlecht werden Krähenfüße interpretiert, die ein Kreuzmuster bilden, so dass manche der einander überschneidenden Falten nach oben und manche nach unten weisen. So jemand ist stur, verweigert sich Ratschlägen und gibt keine Fehler zu. Das Leben dieses Individuums befindet sich in ständigem emotionalem Aufruhr. Vielleicht beklagt es sich gerne und bricht häufig einen Streit über völlig unwichtige Dinge vom Zaun.

Krähenfüße, die ein Kreuzmuster bilden

Auffällig lange Krähenfüße lassen auf Probleme mit Bindungen und eine sehr lustbetonte Person schließen. Solche Menschen führen häufig unbefriedigende Beziehungen in Serie. Speziell lange Fältchen können auch auf einen Faulpelz hinweisen, der gerne auf Kosten anderer lebt. Er will im Luxus leben, aber nichts dafür tun.

Auch wenn das Erscheinen von vier Fältchen am Augenrand normal ist, deuten viele Linien auf Einsamkeit hin. Betrifft dieses Merkmal einen jungen Menschen, ist er der Krähenfüße-Interpretation zufolge lethargisch und es mangelt ihm an Zielsetzungen.

**Die Augen**

Eine Falte am oberen Augenlid          Keine Falte am oberen Augenlid

## DIE OBEREN LIDER

Eine Falte am oberen Augenlid verweist auf einen Menschen mit ausgeprägter Selbstkontrolle; keine Falte auf jemanden mit übertrieben emotionalem Wesen und dem Hang zur Überreaktion.

Wenig vertrauenswürdige, gerissene, gewissenlose und eigennützige Menschen, die andere gerne hintergehen oder verführen, haben in der Mitte durchhängende Lider.

## DIE UNTEREN LIDER

Wenn die blutrote Innenseite der unteren Lider von außen sichtbar ist, kann das besonders bei Frauen auf eine liederliche, brünstige Natur schließen lassen. Bei Männern bedeutet dieses Merkmal hingegen Impotenz oder zumindest sexuelle Unsicherheit.

Die traditionellen Augentypen

# DIE TRADITIONELLEN AUGENTYPEN

Es gibt eine Vielzahl von Augenformen, abhängig von den Merkmalen rund um den Augapfel und die Position der Iris. Die Augen-Typen haben passende poetische (und nicht selten unverblümte) bildhafte Bezeichnungen, die meist die Interpretation vorwegnehmen.

### Das Dreiweiß-Auge

Bei diesem Typ ist die Iris am unteren Rand, sodass das Weiße im Auge links, rechts und oberhalb von ihr zu sehen ist. Dieser Typ ist entschlossen, selbstbewusst, sehr wahrhaftig und geradlinig und häufig taktlos. Er ist willensstark, oft schlecht gelaunt und schnell frustriert ob der Langsamkeit und offensichtlichen Inkompetenz anderer.

### Das Wolfsauge

Dabei liegt die Iris direkt unter dem oberen Lid, sodass das Weiße darunter sichtbar ist. Dieser Typ ist das Merkmal einer cleveren und rücksichtslosen Person. Sie weiß genau, was sie will und wie sie es bekommt. Traditionell ein Zeichen für Grausamkeit oder wenigstens Ignoranz gegenüber dem Befinden anderer. Das Wolfsauge sucht Konflikte und wächst mit der Herausforderung. Serienkiller und Soziopathen weisen oft diesen Typus auf.

## Die Augen

### Das Vierweiß-Auge

Bei diesem Typ sitzt die Iris genau in der Mitte des Augapfels, rundherum vom Weißen umgeben. Häufig kommt es bei hervorstehenden Augen vor. Eine solche Person ist sehr anpassungsfähig und an das Unerwartete gewöhnt. Jedoch neigt sie zu Zornausbrüchen, wenn ihre Wünsche unerfüllt bleiben. Sie hat immer mindestens einen Plan. Wenn aber alle Pläne scheitern, kommt es zur Explosion. Wenn dieser Typ plötzlich auftritt (viel Weiß erscheint), handelt es sich in der Regel um die Folgen einer hyperaktiven Schilddrüse.

### Das Dreiecks-Auge

Das obere Lid ist in der Mitte deutlich angehoben. Die Farbe der Iris ist meist kräftig und das Weiß scheint weniger strahlend zu sein. Häufig ist oberhalb eines solchen Auges eine buschige Braue zu sehen. Dieser Typ ist ein sicheres Zeichen für große Errungenschaften. Menschen mit Dreiecks-Augen leben erst im Wettstreit richtig auf. Sie sind wachsam und besitzen eine ausgezeichnete Urteilsfähigkeit. Sie wissen, wann es Zeit zum Handeln oder Zeit zum Abwarten ist. Dieses Auge soll das Merkmal des geborenen Politikers sein, wenn auch manche eher von einem Ränkeschmied sprechen würden. Wie auch immer, er wird seine Möglichkeiten voll ausschöpfen und es zu Vermögen und Stand bringen.

**Die traditionellen Augentypen**

## Das ärgerliche Auge

Man erkennt es an den konzentrischen Kreisen der Iris. Dieser Typ ist auch als Rad-Auge bekannt. Es gehört zu sehr auf den Körper bedachten Menschen, die weit lieber mit ihren Händen praktische Arbeit verrichten, als die Zeit mit Nachdenken zu verbringen. Es mag ihnen an Weitblick mangeln, und ohne geeignete Anleitung neigen sie dazu, Chaos zu verursachen. Leider bemerken sie selbst nichts von dem Aufruhr in ihrem Kielwasser. Überflüssig zu erwähnen: Rad-Augen sind in einem fort beleidigend.

## Das Feuerrad

In der Beschreibung des Feuerrad-Auges wird, ein seltener Fall, auf die Farbe der Iris Bezug genommen. Selbige tritt nämlich in konzentrischen Kreisen auf, und rundherum schließt ein grüner, roter oder blauer Ring die Iris-Farbkreise ab. Dieses Auge zeigt ein launisches Temperament an. Der Mensch lebt an der Schwelle zum Zorn, die er häufig wegen Kleinigkeiten überschreitet. Es sollte erwähnt werden, dass er sich ständig nach etwas oder jemandem umsieht, das oder der ihm Grund gibt, beleidigt zu sein. Er ist extrem wachsam, überkritisch und wahrscheinlich ein wenig paranoid. Ständig schätzt er die Stärken und Schwächen der anderen ein.

# Die Augen

### Das Sandauge

Das Sandauge erkennt man an der gelblich gesprenkelten Iris. Im Westen kommt das Sandauge unter Blau- und Helläugigen häufig vor. Es zeigt sich bei geistreichen und scharfsinnigen Menschen. Sie sind große Kommunikatoren – sie denken schnell, reden schnell und sind nie um eine Antwort verlegen. Sie lieben es zu diskutieren, weil sie eine angeborene Gabe haben, sämtliche Schwächen ihrer Gegner zu erkennen und diese in ihr raffiniert gesponnenes, fatales Netz zu verwickeln. Das Sandauge schätzt dieses Spiel dermaßen, dass es Gefahr läuft, streitsüchtig zu werden, wenn es sich nicht unter Kontrolle behält.

### Das Mal im Auge

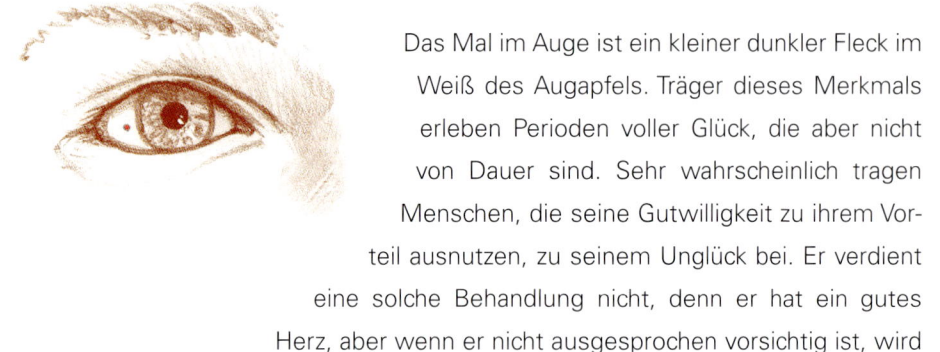

Das Mal im Auge ist ein kleiner dunkler Fleck im Weiß des Augapfels. Träger dieses Merkmals erleben Perioden voller Glück, die aber nicht von Dauer sind. Sehr wahrscheinlich tragen Menschen, die seine Gutwilligkeit zu ihrem Vorteil ausnutzen, zu seinem Unglück bei. Er verdient eine solche Behandlung nicht, denn er hat ein gutes Herz, aber wenn er nicht ausgesprochen vorsichtig ist, wird ihn seine eigene soziale Ader in den Ruin treiben.

**Die traditionellen Augentypen**

## Das betrunkene Auge

Dieser Typ ähnelt dem Vierweiß-Auge, was die Lage der Iris betrifft. In diesem Fall wird die Umgebung der Iris aber eher rötlich oder gelblich als weiß sein. Das betrunkene Auge hat schwere obere Lider und wirkt tendenziell lethargisch. Eventuelle Krähenfüße werden zahlreich und kurz sein.

Die Bezeichnung für diesen Typ soll nicht andeuten, dass der Träger betrunken ist. Tatsächlich wird er sehr sexy sein, umtriebig, charismatisch und in der Regel unwiderstehlich für das andere Geschlecht. Allerdings steht dieses Merkmal auch für ein Leben voller Ereignisse – guter und schlechter. Es wird Zeiten geben, in denen eine wahre Pechsträhne alle seine Pläne vereitelt. Andererseits wird phasenweise einfach alles gelingen. Wenn Sie einem „Schlafzimmerblick" begegnen, erwarten Sie keine Konstanz.

## Das faltenlose Auge

Dieses Auge ist von nahezu vollkommen glatter Haut ohne Linien umgeben, selbst wenn der Mensch bereits älter ist. In den Winkeln ist es abgerundet. Es ist das Zeichen eines jugendlichen, aktiven Geistes. Ein Mensch mit einem faltenlosen Auge wird vielleicht als Verkäufer, PR-Agent oder Lobbyist Karriere machen. Seine Eloquenz birgt jedoch auch ein Risiko: Sein Liebesleben ist problematisch, weil seine Überredungsgabe sehr verführerisch ist. Allzu leicht gerät er vom schmalen, geraden Pfad der Treue ab. Es kann gut sein, dass er viele Beziehungen in Serie hat, er ist aber auch in der Lage, mehrere gleichzeitig zu führen.

# Die Augen

### Das Erbsenblüten-Auge

Dieses Auge ist lang gestreckt und das untere Lid in der Mitte aufgewölbt. Sowohl die Iris als auch das Weiße wirken etwas trüb. Die Person ist vorsichtig, scharfsinnig und eine genaue Beobachterin der menschlichen Natur mit einem möglichen Hang zum Zynismus, welcher jedoch vollständig hinter ihrem Charme verborgen ist. Typen mit solchen Augen werden Ihnen selten direkt in die Augen blicken, während sie versuchen, hinter Ihre Absichten zu kommen. Sie sind oft sehr talentiert und machen als Künstler Karriere oder in Jobs, die Charisma verlangen. Sie sind populär und gesellig und pflegen viele lange Freundschaften. Auch alte Liebschaften werden dazu gehören, denn dieser Typ kann Zuneigung am Leben halten, selbst nach dem Ende der Leidenschaft.

### Das Elefanten-Auge

Dieses Auge wird tendenziell schmal und lang sein und den Eindruck von Weisheit erwecken. Es ist rundherum voller Falten. Dieser Mensch gewinnt durch Erfahrung: Er ist klug und hat ein gutes Gedächtnis, er ist mitfühlend und hilft gerne, wenn es nötig ist. Wer auch immer ihn für sich einnehmen konnte – er wird die größten Anstrengungen unternehmen, um dem Freund zur Seite zu stehen. Er ist empfindsam, kreativ, begeisterungsfähig und humorvoll.

**Die traditionellen Augentypen**

## Das Löwenauge

Wie beim Wolfsauge ist auch hier etwas weiß unter der Iris zu sehen. Die Lidfalten sind aber gänzlich anders: Es gibt wenige oder keine am unteren und etliche deutliche am oberen Lid. Der Blick eines Löwenauges ist tapfer, direkt und unbeirrbar. Dieser Mensch verfügt über ein untadeliges Urteilsvermögen, und andere bewundern ihn und sehen in ihm ein Vorbild. Er ist respektabel und übernimmt Verantwortung. Häufig ist er sehr entschlossen und auf seine Karriere fixiert, was ihm dank Eifer und Ehrgeiz großen Erfolg bringt. Er nimmt seine Rolle ihm Leben wirklich sehr ernst und kann es nicht ertragen, wenn auf seine Kosten Witze gerissen oder auch nur ein paar harmlose Scherze gemacht werden.

## Das Tigerauge

Dieser Typ ist eine Art goldene Ausführung des Löwenauges. Die Krähenfüße sind kurz, schwach ausgeprägt und völlig verstreut. Unter dem Auge gibt es wenige oder keine Falten, das Oberlid ist hingegen von einer dominierenden Linie geprägt. Wir haben hier einen energischen Charakter mit starken Überzeugungen und fundierten Meinungen vor uns. Andere suchen bei ihm nach Rat und Führung. Er ist aber ein Einzelgänger und glücklich mit sich selbst; mitunter braucht er die Einsamkeit sogar sehr dringend. Es ist wahrscheinlich, dass er zeitweise allein lebt oder arbeitet. Vielleicht wird er als exzentrisch gesehen, wenn er einen ungewöhnlichen Lebensstil pflegt.

# Die Augen

### Das Kranichauge

Dieses Auge hat eine zentrale Iris und ist groß, gerundet, lang und auffallend klar. Am Oberlid können zwei oder mehr Falten zu sehen sein. Kranichaugen sind im Allgemeinen Glückspilze und haben treue Freunde. Sie sind voller Mitgefühl und lieben die Natur. Ihre Integrität ist durch nichts zu erschüttern. Ihre Ehrlichkeit lässt sie sehr offen und geradeheraus sprechen; jede Art von Doppelzüngigkeit verachten sie.

### Das Adlerauge

Adleraugen sind lang und ziemlich schmal. Die Iris sitzt hoch am Augapfel, der einen Stich ins Gelbliche aufweist. Normalerweise ist eine starke Falte am oberen Lid zu sehen, während das untere völlig glatt ist. Adleraugen sind totale Einzelgänger. Aus freien Stücken entscheiden sie sich, alleine zu leben und zu arbeiten. Sie sehen die Welt auf ihre ganz eigene Weise und leben nach ihren eigenen Regeln. Sie können es gar nicht leiden, wenn ihnen jemand sagt, was sie zu tun haben. Auch wenn dem Adlerauge sehr viel an Familie und Freunden liegt, ist sein Grundgedanke doch: „Abwesenheit stärkt das Herz", weshalb er andere auf Distanz hält. Sein extremes Unabhängigkeitsstreben bedeutet auch, dass er unter keinen Umständen um Hilfe bitten wird.

**Die traditionellen Augentypen**

## Das Gänseauge

Dieses Auge ist recht lang, aber so wohlgerundet, dass es perfekt proportioniert erscheint. Die Iris sitzt in der Mitte und weist manchmal eine goldene Farbnuance auf. Ober- und unterhalb des Auges sind tiefe Falten eingegraben. Dieser Mensch ist entspannt, er nimmt das Leben leicht. Er schließt schnell Freundschaften, und wenn einige der Gefährten auf der Strecke bleiben – was solls? Es gibt noch viele andere. Er hat wenig Ehrgeiz, weil er im Grunde mit den Dingen zufrieden ist, so wie sie sind. Auch wenn Gänseaugen keine Überflieger sind, erfreuen sie sich eines erfüllten und zufriedenen Lebens.

## Das Schwalbenauge

Diese tief liegenden Augen werden oben und unten von einer langen Falte umrahmt. Sie sind hell und klar und machen den Eindruck von Schärfe. Der Mensch ist elegant und schön und außergewöhnlich vertrauenswürdig. Er glaubt fest daran, dass ein Versprechen einem heiligen Eid gleichkommt. Er hält sein Wort, selbst wenn das gegen seine Interessen ist, und wird dafür bewundert. Leider zeigt das Schwalbenauge weder Vermögen noch Ansehen an, dafür verspricht es aber ein komfortables, erfülltes Leben.

## Die Augen

### Das Pferdeauge

Dieser Typ wirkt wässrig und tritt leicht hervor. Das untere Lid ist von vielen Falten durchzogen, das obere ist hingegen glatt und wirkt weich und zierlich. Vorhandene Krähenfüße neigen sich in der Regel nach unten. Dieser Mensch ist ein harter Arbeiter, der durch dick und dünn geht. Auch wenn alles gegen ihn spricht, gibt er nicht auf. Wie ein Pferd vor einem Karren wird er unermüdlich seinen unbedankten Aufgaben nachkommen, bei jedem Wetter und unter jeder Bedingung. Leider muss das keinesfalls bedeuten, dass am Ende aller Mühen die gerechte Belohnung wartet. Pferdeaugen bekommen mehr Schwierigkeiten vorgesetzt als andere. Trotzdem lassen sie den Mut nicht sinken und bisweilen gelingt es ihnen, weit charismatischere Menschen mit ihrer Aufopferungsbereitschaft zu beschämen.

### Das Lammauge

Lammaugen sind dunkel mit einem gelblichen Stich in der Iris und im Weiß. In der Pupille können Kreise auftreten. Lidfalten sind nur oben zu finden. Die Haut des unteren Lids ist glatt, dünn und zart und von feinen Linien durchzogen. Auch mögliche Krähenfüße werden kaum zu sehen sein. Dieser Mensch ist pflichtbewusst und immer beschäftigt, ein harter Arbeiter, der sich selten dem Genuss der Früchte seiner Mühen hingibt. Er muss sich auf sich selbst verlassen; eine Lektion, die er schon früh im Leben lernt. Lammaugen werden ständig beansprucht, aber ganz egal wie voll der Terminkalender ist – eine Aufgabe mehr lässt sich immer noch unterbringen.

**Die traditionellen Augentypen**

## Das Ochsenauge

Dies ist ein großes, rundliches, aber nicht hervorstehendes Auge. Die Iris und das Weiß sind sehr klar. Träger dieses Typs sind sehr versöhnlich, sehen über vergangene Fehler hinweg und sind in ihrer Sanftmut bereit, Menschen, die sie verletzt haben, eine zweite oder sogar dritte Chance zu geben, die Dinge wieder ins Lot zu bringen. Ein solcher Mensch empfindet tief, aber es entspricht nicht seinem Charakter, nach außen anders als ruhig zu wirken. Krähenfüße haben bei Ochsenaugen eine besondere Bedeutung: Aufwärts gerichtet bezeichnen sie einen sehr vertrauenswürdigen Menschen, der nie jemanden in Stich lässt. Abwärts gerichtet deuten sie eine zu passive Haltung an, jemanden, der es einfach haben will und um das zu erreichen leere Versprechungen macht.

## Das Schweinsauge

Schweinsaugen sind dunkel und trüb, die Lider schwer und plump. Sie sind eher klein und ihr Blick wirkt oft misstrauisch. Besitzer dieses Typs haben ein heftiges, reizbares Temperament, sie sind impulsiv und scharfzüngig. Dahinter verbirgt sich ein Problem mit der Selbsteinschätzung aufgrund großer Unsicherheit. Das Schweinsauge versteckt sein schlechtes Selbstbild hinter einer Mauer permanenten und oft unangemessenen Kritisierens anderer. Es macht sich ebenso leicht wie unnötig Feinde. Wenn so jemand seine Ansichten für sich behalten würde und bedachter wäre, hätte er ein weit angenehmeres Leben.

Die Augen

### Das Affenauge

Die Iris des Affenauges befindet sich weit oben. Das Auge ist klein und ziemlich kurz. Am oberen Lid ist eine Falte zu sehen, die sich um den äußeren Augenrand biegt und womöglich sogar darüber hinaus reicht. So jemand ist wissbegierig und in der Lage, eine Vielzahl von Fertigkeiten zu meistern. Er ist optimistisch, extrovertiert und sehr mutig. Zudem ist er klug, erfindungsreich und fröhlich und wird die Bewunderung von jenen erlangen, die das Schicksal weniger begünstigt hat. Die alten Chinesen waren fest davon überzeugt, dass Affenaugen mit Begeisterung Früchte essen.

## DIE AUGENFARBE

Unter den Menschen aus China und dem Orient hat die Iris üblicherweise eine dunkelbraune bis schwarze Färbung; deshalb war die Augenfarbe im chinesischen Gesichtslesen nie von größerer Bedeutung. Westliche Gesichtsleser entwickelten indes ein System zur Klassifizierung von Augenfarben, entsprechend den unterschiedlichen Tönungen, die bei Menschen europäischer Abkunft zu finden sind.

- Haselnussbraune Augen zeichnen gefühlvolle, warmherzige Menschen mit scharfem Verstand aus.
- Menschen mit gewöhnlich braunen Augen erscheinen extrovertiert und reizbar, sind aber unter der Oberfläche konservativ und vorsichtig. Man sagt, dass sie schmerzunempfindlicher als Menschen mit helleren Augen sind.

**Die Augenfarbe**

- Blaue Augen können in den Nuancen variieren, von tiefem Azur- oder Saphirblau bis zu wässrigem Blassblau. Traditionell gilt: Je kräftiger die Farbe, desto größer die Leidenschaft.
- Blauäugige sind mitfühlender und ruhiger als Braunäugige.
- Menschen mit sehr blassen Augen können extrem gerissen und berechnend sein, während jene mit tiefblauen Augen ein ruhiges Leben vorziehen und passiver sind.
- Wirklich graue Augen sind selten. Der Mangel an Farbe ist ein Hinweis auf Unschlüssigkeit sowie auf einen logischen, emotional sehr kontrollierten Menschen.
- Personen mit grünen Augen sind wagemutig, erfinderisch und von heiterem Gemüt.

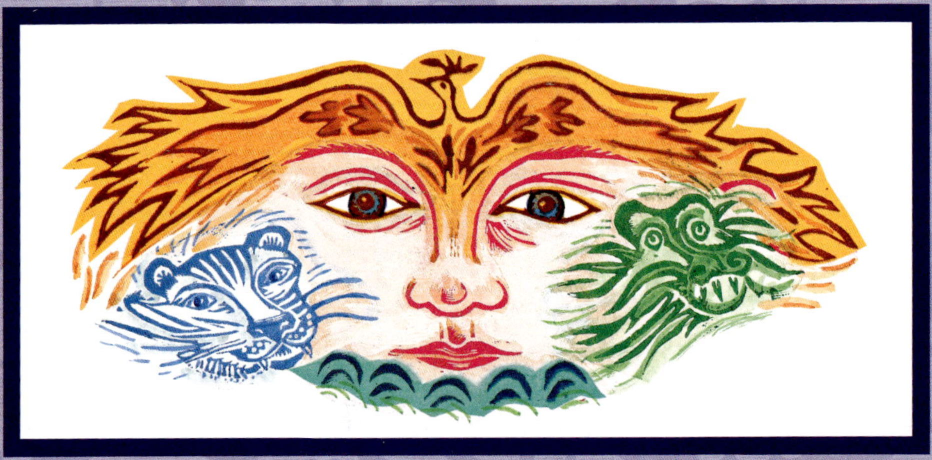

＃ 4

## DIE AUGENBRAUEN

Die Augenbrauen

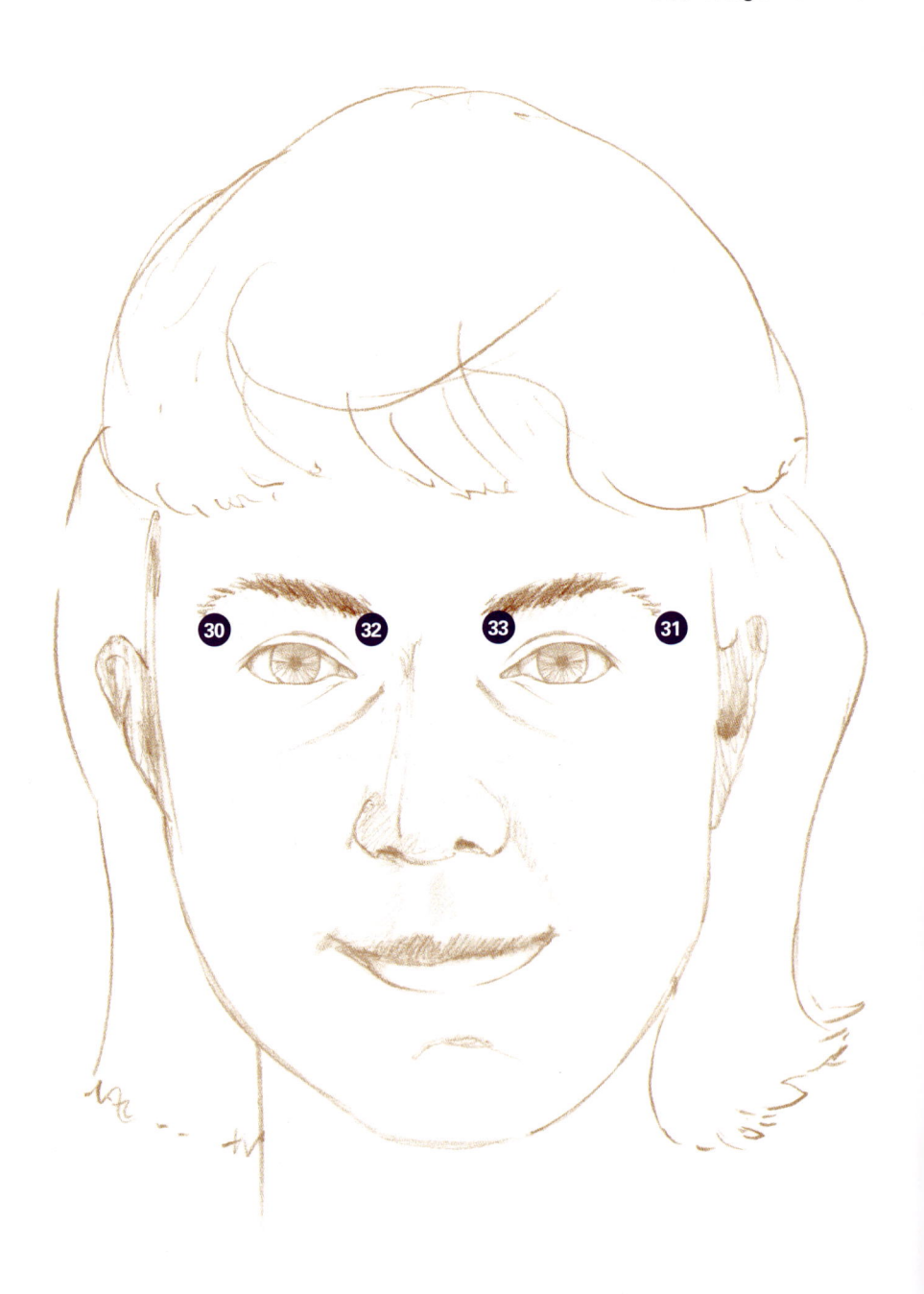

Alterspunkte der Augenbrauen

80

Ausgeprägter Augenbrauenbogen

Die Augenbrauen gehören zu den fünf wichtigsten Merkmalen im chinesischen Gesichtslesen. Gut sichtbar trennen sie die obere von der mittleren Zone. Setzen wir die Brauen mit den Alterspunkten in Beziehung, stellt sich heraus, dass diese Gesichtsregion mit den frühen 30ern zu tun hat. Die äußeren Enden der rechten und linken Braue markieren die Alterspunkte Jahr 30 bzw. Jahr 31, die inneren Enden stehen für Jahr 32 (rechts) und Jahr 33 (links).

Die Augenbrauen sind, was das Befinden eines Menschen betrifft, sehr aussagekräftig. Sie sind der beweglichste Teil des Gesichts und sehr expressiv, sowohl in Bezug auf den Charakter als auch auf die Veränderung von Stimmungen. Ohne die Hinweise der Augenbrauen ist es fast unmöglich, auf emotionale Befindlichkeiten oder mentale Zustände zu schließen. Menschen ohne Brauen (sie haben sie vielleicht rasiert) sind deshalb rätselhafte Personen, die gerne eine mysteriöse Aura um sich verbreiten.

## AUSGEPRÄGTER AUGENBRAUENBOGEN

Ein gut ausgebildeter und kräftiger Brauenbogen ist ein Zeichen für eine couragierte, individualistische Persönlichkeit mit einer großen Portion Eigensinn. Sie ist überzeugt, stets im Recht zu sein ... besonders wenn sie völlig unrecht hat. Mit so jemandem kann man sich auf viele lange, mühsame Auseinandersetzungen einstellen. Andererseits ist er

# Die Augenbrauen

ein Mensch, der sich ganz vorne an der Front vehement für eine Sache einsetzt. Starke Brauenwülste zeigen auch ausgezeichnete Konzentrationsfähigkeit.

## AUFWÄRTS WACHSENDE BRAUENHAARE

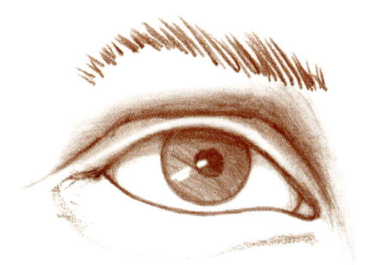

Wenn die Brauenhaare merklich nach oben wachsen, ist das ein gefährliches Zeichen, das zwar Tapferkeit, aber auch einen verdorbenen, unberechenbaren Charakter anzeigt. Dieser Mensch ist sehr taktlos, spricht häufig zwanghaft, bevor er denkt, und handelt ohne einen Gedanken an die Folgen.

## ABWÄRTS WACHSENDE BRAUENHAARE

Deutlich nach unten gerichteter Brauenhaarwuchs zeigt mangelndes Selbstvertrauen an. Solche Leute sind oft nervös und wollen Konfrontationen um jeden Preis vermeiden. Sie weigern sich, die Schuld für Fehler irgendwelcher Art auf sich zu nehmen und ebenso, zu den Konsequenzen ihrer eigenen Handlungen zu stehen. Es sind Menschen mit geringer Selbstachtung, die sich zu sehr auf ihre Lieben verlassen.

## AUF- UND ABWÄRTS WACHSENDE HAARE

Bei diesem Typ wachsen die oberen Brauenhaare nach unten und die unteren nach oben. Der traditionelle Name für dieses Merkmal ist „Haare in Umarmung" oder, noch romantischer ausgedrückt, „Kuschelhaare". Es ist das Merkmal eines ängstlichen Menschen, der sich unnötig Sorgen macht und von negativen Gedanken heimgesucht wird.

## DURCHEINANDER WACHSENDE HAARE

Haare, die in alle Richtungen wachsen, finden sich meist bei buschigen Augenbrauen. Sie sind häufig das Zeichen eines Selfmademan. Er muss mit unerwarteten Problemen und Rückschlägen in seinem Leben fertig werden. So jemand sollte sich nicht allzu viel Hilfe oder Verständnis von den Machthabern erwarten, aber dafür sind seine Aussichten, aus eigener Kraft voranzukommen, ausgezeichnet.

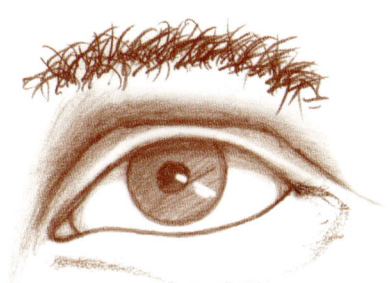

Die Augenbrauen

## ZARTE BRAUEN

Dünne, zarte Augenbrauen enthüllen einen sanften, friedliebenden Charakter. Solche Leute wünschen sich ein ruhiges, friedliches Leben. Wenn aber die Pflicht ruft, haben sie die Fähigkeit, rasch und effizient mit jeder ihnen gestellten Aufgabe zurande zu kommen.

## DIE 21 BRAUENFORMEN

Die chinesische Überlieferung kennt viele verschiedene Augenbrauenformen; für unsere allgemeinen Zwecke genügen indes 21 Grundformen.

### Die lange Braue

Dieser Augenbrauen-Typ weist eine sanfte Krümmung auf und reicht über den Augenrand hinaus. Es kann sein, dass die lange Braue sich bis über beide Augenränder erstreckt, und manchmal wachsen solche Brauen sogar in der Stirnmitte zusammen. Auch wenn es ein Volksglaube ist, niemandem mit zusammengewachsenen Augenbrauen zu trauen, enthüllt die lange Braue in Wahrheit einen aktiven Intellekt und beachtliche Schläue gepaart mit Eloquenz. Die Aussichten für mittlere Lebensjahre in Glück und Wohlergehen stehen sehr gut.

**Die 21 Brauenformen**

## Die kurze Braue

Die Haare dieses Augenbrauen-Typs wirken oft struppig und sind ungleich lang. Die kurze Braue ist kürzer als das Auge. Dieses Merkmal kann eine unglückliche Kindheit bedeuten und betrifft wahrscheinlich jemanden aus einer recht kleinen Familie oder mit wenig Kontakt zur Verwandtschaft. Seine Familienbeziehungen sind womöglich durch Streit und Missgunst beeinträchtigt worden. Vielleicht wurde der Kontakt zu seinen engen Verwandten auch durch Umstände verunmöglicht, die sich seiner Kontrolle entziehen.

## Die große Braue

Die große Braue ist so lange wie das Auge; der Haarwuchs ist breit und kräftig. Menschen mit breiten Brauen haben niemals Angst davor, aufzustehen und zu sprechen oder ihre Gefühle auszudrücken. Diese Person wird in all ihren Beziehungen der dominante Part sein. Wenn die große Braue in Kombination mit einer ausgeprägten Augenbrauenwulst auftritt, wird es sich um eine wahrlich Respekt einflößende Persönlichkeit handeln.

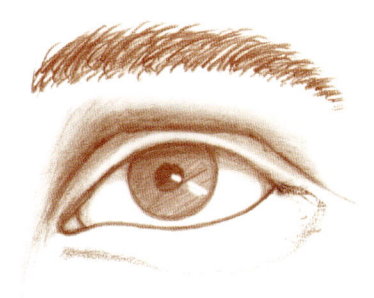

Die Augenbrauen

### Die Braue des Clans

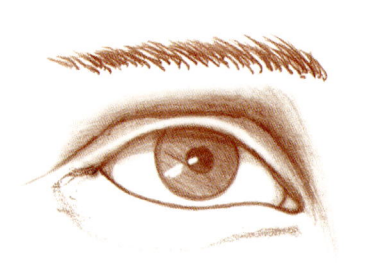

Diese Braue soll dem chinesischen Zeichen für die Ziffer eins ähneln. Am auffälligsten ist die Sichtbarkeit der Haarwurzeln. Der Haarwuchs ist kräftig. Die Braue ist von mittlerer Länge und ragt ein wenig über den Augenrand hinaus. Die Braue des Clans steht für Liebe zur Familie und deutet eine ausgedehnte Sippschaft an. Der Mensch mit solchen Brauen wird sich eines ausgezeichneten Rufs erfreuen und einer langen, stabilen und liebevollen Ehe.

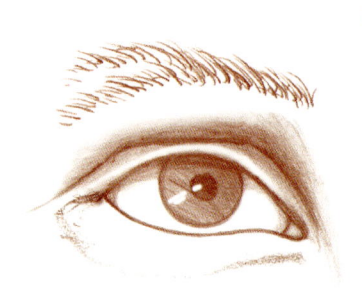

### Die Braue des Eigenbrötlers

Die Form dieser Braue ähnelt dem Y oder dem chinesischen Zeichen für die Acht. Der Haarwuchs dieser eher dünnen Braue ist recht spärlich. Wie der Name schon sagt, gehört dieses Merkmal zu Menschen, die die Einsamkeit vorziehen und sich in Gesellschaft unwohl fühlen. Sie sind engagiert und tatkräftig und lieben ihre Arbeit. Dieser Brauentyp gilt als sehr günstig, sagt er doch ein langes und zufriedenes Leben voraus.

### Die Geisterbraue

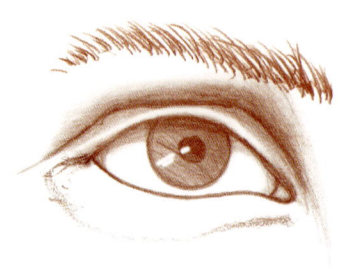

Dieser Typ ähnelt dem zuvor beschriebenen, ist aber stärker gekrümmt und wächst zur Nase hin tiefer. Üblicherweise wächst das Haar aufwärts. Diese Person traut anderen nicht; sie hält ihre Karten dicht an die Brust gedrückt. Ihre wirklichen Gedanken und Gefühle sind verborgen. Sie ist vielleicht nachtragend und voller Gegnerschaft.

**Die 21 Brauenformen**

## Die rollende Braue

Sie zeichnet sich durch dickes, gekräuseltes Haar aus und wächst gewöhnlich schräg nach außen oben. Dieses ungewöhnliche Merkmal zeigt jemanden, der die Zügel in die Hand nehmen kann und dessen Führung auch von anderen akzeptiert wird. Augenbrauen dieses Typs finden sich häufig auf den Gesichtern von Politikern, militärischen Führern und Magnaten.

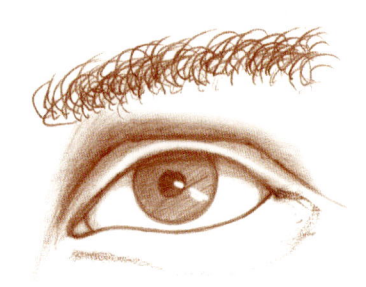

## Die Besenbraue

Sie ist lang, mit wild wachsendem, buschigem Haar vor allem zum äußeren Rand hin. Die Wildheit des Haarwuchses spiegelt die Wildheit des Trägers. Er ist ein totaler Individualist, für den seine engsten Angehörigen sehr viel Verständnis aufbringen müssen. Wahrscheinlich stammt er aus einer Großfamilie, mit der er aber kaum engen Kontakt halten dürfte. Dieser Brauentyp verspricht keine Reichtümer, dafür wird seinem Träger aber auch nie das Geld ausgehen.

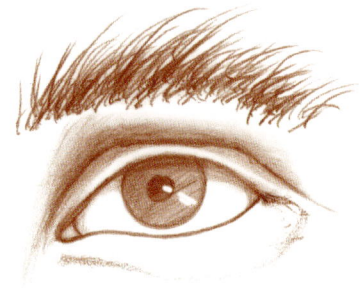

## Die kleine Besenbraue

Sie ist ebenso wild und buschig wie die Besenbraue, erreicht jedoch kaum einmal die Höhe der Augenränder. Der Träger ist ungeduldig und temperamentvoll und sehr geübt darin, sich in Schwierigkeiten hinein- und wieder herauszureden. Es ist schwierig, mit ihm zu leben; seine Probleme haben wahrscheinlich mit seinem familiären Hintergrund zu tun.

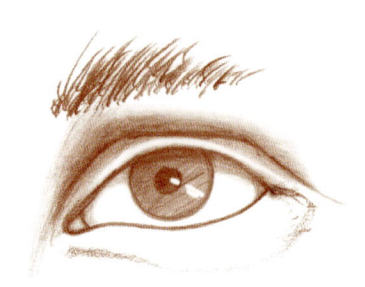

# Die Augenbrauen

## Die schöne Braue

Die Haare der schönen Braue wachsen aufwärts und sie sind fein, ziemlich lang und sanft gewellt. Ob diese Braue sich hoch wölbt oder eher flach verläuft, sie wird immer als elegant beschrieben werden. Ihr Träger ist ein ehrbarer Mensch, der für seine Vertrauenswürdigkeit bekannt ist. Er verfügt über ein ausgezeichnetes Urteilsvermögen und wird stets sein Wort halten. Er ist ein weiser und geschickter Diplomat, der gerne als Vermittler hinzugezogen wird. Die schöne Braue gilt als ausgesprochen Glück verheißend.

## Die Todesbraue

Die Haare der Todesbraue sind buschig und struppig. Die Braue ist sehr kurz, breit und dick. Ihr Träger genießt enge Freundschaften und längerfristige Beziehungen, lebt aber aus einem Bedürfnis nach Privatsphäre lieber allein. Er hat sich vielleicht von seinen Eltern und der übrigen Familie entfremdet, weil er sich von ihnen im Stich gelassen fühlt. Traditionell sagt dieser Augenbrauentyp Kinder in einem späteren Lebensabschnitt voraus.

**Die 21 Brauenformen**

## Die Schwertbraue

Die Schwertbraue wächst hoch am Brauenbogen, ist flach, lang, gerade und verbreitert sich zum äußeren Rand hin. Die allermeisten Haare wachsen in dieselbe Richtung nach oben. Der Träger dieser Braue ist weise und sehr scharfsinnig – ein geborener Anführer. Dieses Merkmal findet sich oft an Menschen, die im Geschäft erfolgreich sind. Die Schwertbraue gilt als günstiges Zeichen für ein langes Leben und eine große Familie.

## Die Messerbraue

Die Haare der Messerbraue sind gewöhnlich borstig, ihre Form erinnert an eine Klinge. Dieser Typ deutet auf eine gerissene Person mit einer schnellen Auffassung hin, die im Leben viele Vorteile erringen wird. Allerdings ist auch eine gewisse Bequemlichkeit zu bemerken, weil dieser Mensch stets den leichtesten Weg zum Ziel wählen wird. Die Messerbraue gilt auch als Zeichen für einen Angeber.

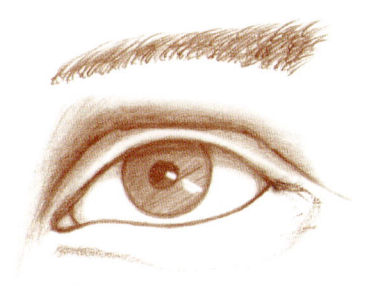

**Die Augenbrauen**

### Die gehobene Braue

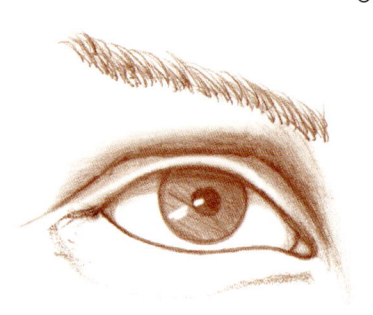

Um diesen Brauentyp zu erkennen, brauchen Sie nur an Mr. Spock vom Raumschiff Enterprise zu denken und können nicht fehlgehen. Die gehobene Braue verläuft aufwärts wie der Schwert- und der Messer-Typ, in diesem Fall aber diagonal vom Nasenrücken weg. Ein Mensch mit diesem Merkmal ist sehr entschlossen und weigert sich unter allen Umständen, eine Niederlage einzugestehen. Er ist extrem dominant und kann sehr streitsüchtig sein, wenn er ein Ziel auf seine Weise erreichen will. Erfolge stellen sich gewöhnlich früh ein. Sein ganzes Leben lang kommt er voran, aber persönliche und familiäre Beziehungen könnten unter seinem rücksichtslosen Ehrgeiz leiden.

### Die weinende Braue

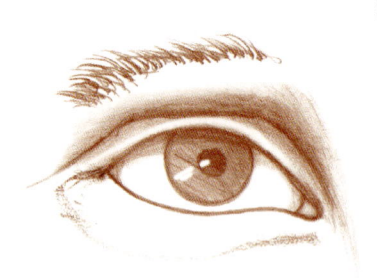

Sie ist das Gegenteil der gehobenen Braue: Auch sie verläuft diagonal, aber nach unten, was dem Träger ein trauriges Aussehen verleiht. Es ist schwierig herauszufinden, was er denkt oder fühlt, weil er es zu einer Tugend macht, geheimnisvoll zu wirken. Er ist ein schneller Denker und sehr clever. Andere zu verletzen oder zu übervorteilen schreckt ihn nicht ab, wenn er auf diese Art am schnellsten an die Spitze gelangt. Er ist scharfsinnig, besitzt eine rasche Auffassungsgabe und die Bereitschaft, das Maximum aus seinen Chancen zu machen.

**Die 21 Brauenformen**

## Die Weidenblattbraue

Die so poetisch bezeichnete Braue ist geschwungen und zart, mit verworrenem Haar. Sie gehört zu einem offenen, ehrlichen und freundlichen Menschen. Er verfügt über einen exzellenten Intellekt und einen regen Geist. Er liebt das Gesellschaftsleben und ist außerordentlich beliebt. Er wird einflussreiche Freunde gewinnen, die ihm zu Erfolg verhelfen. Personen mit einer Weidenblattbraue gründen meist erst in einem späteren Lebensabschnitt eine Familie.

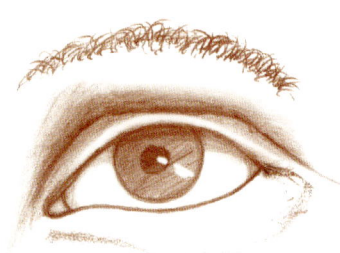

## Die Neumondbraue

Diese Braue zieht ihren sanften, sichelförmigen Schwung hoch über dem Auge. Die Haare sind fein und strahlend, wie von einem inneren Licht erfüllt. Sie wachsen alle in dieselbe Richtung. Der Träger dieser Braue ist mitfühlend und achtsam. Bei allem was er tut ist er ehrlich und vertrauenswürdig. Dies ist ein sicheres Zeichen für Treue in Beziehungen und gilt für die frühen wie auch für die späteren Jahre als Segen bringend. Auch für Familienangelegenheiten verheißt es eine glückliche Hand.

Die Augenbrauen

### Die Braue des langen Lebens

Diese Braue ist ziemlich breit. Die Haare sind am äußeren Ende merklich länger und krümmen sich häufig nach unten über den Augenrand. Sie sind gewöhnlich dunkel und glänzend. Ein Mensch mit diesem Brauentyp kann sich glücklich schätzen, hat er doch die besten Aussichten auf ein langes, glückliches und erfolgreiches Leben. Er ist kreativ, ein begabter Schreiber und ein guter Redner. Auch dank seiner Freundlichkeit und seinem Charm ist er sehr attraktiv und verführerisch.

### Die Drachenbraue

Sie ist wohlgeformt und elegant, mit feinem, glänzendem Haar. Sie verläuft den Großteil ihrer Länge gerade nach oben und krümmt sich jenseits des äußeren Augenrandes nach unten. Diese Braue ist ein Zeichen für Vermögen. Der Träger stammt wahrscheinlich aus einer großen, weitverzweigten Familie. Er ist einfallsreich und hat Geschäftssinn. Seine Freunde und Verbündeten respektieren ihn. Er verabscheut Ungerechtigkeit jeder Art und wird jederzeit seine Prinzipien beharrlich vertreten.

**Die 21 Brauenformen**

## Die Seidenraupenbraue

Dieser Typ erhebt sich in sanftem Schwung. Die Seidenraupenbraue ist von ebenmäßiger Form; die Haare sind weich, seidig glänzend und leicht gewellt. Diese Braue weist auf einen beliebten und vertrauenswürdigen Menschen. Er ist diszipliniert, begreift sehr rasch und kann aus jeder Situation das Beste machen. Die Seidenraupenbraue ist ein sehr glückliches Zeichen, das oft Ruhm und Vermögen verspricht.

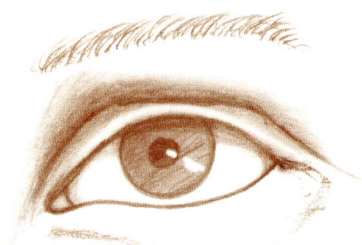

## Die Löwenbraue

Die Löwenbraue ist breit, dicht und buschig entlang ihrer gesamten, geschwungenen Länge. Die Haarwurzeln sind trotz des dichten Haarwuchses sichtbar. Dieser Typ zeigt eine kräftige Konstitution an und lässt auf Langlebigkeit hoffen. Die Form der Braue kann ihrem Träger einen Ausdruck permanenter Verärgerung verleihen, der indes Großzügigkeit, Achtsamkeit und Warmherzigkeit verbirgt. Aber auch wenn die Löwenbraue einen Menschen ziert, der den Respekt und die Bewunderung anderer erlangen wird, so ist er doch in häuslichen Belangen weniger glücklich. Es mag Ehekonflikte und Spannungen an Heim und Herd geben.

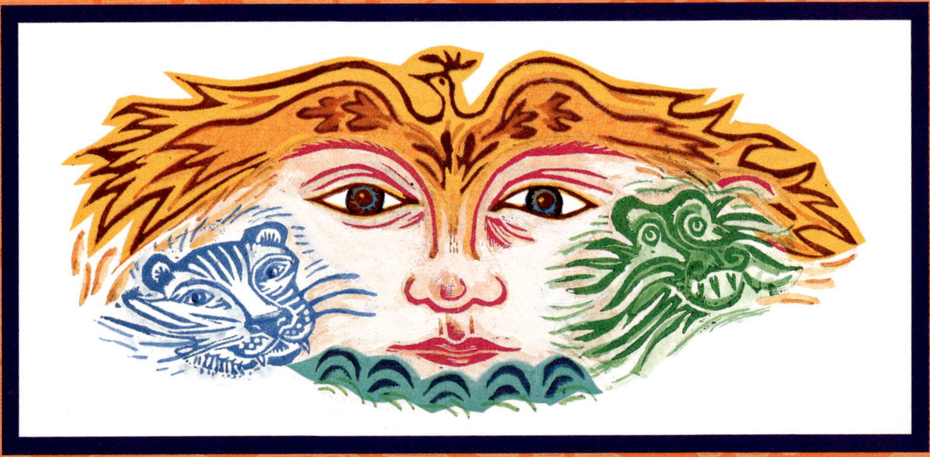

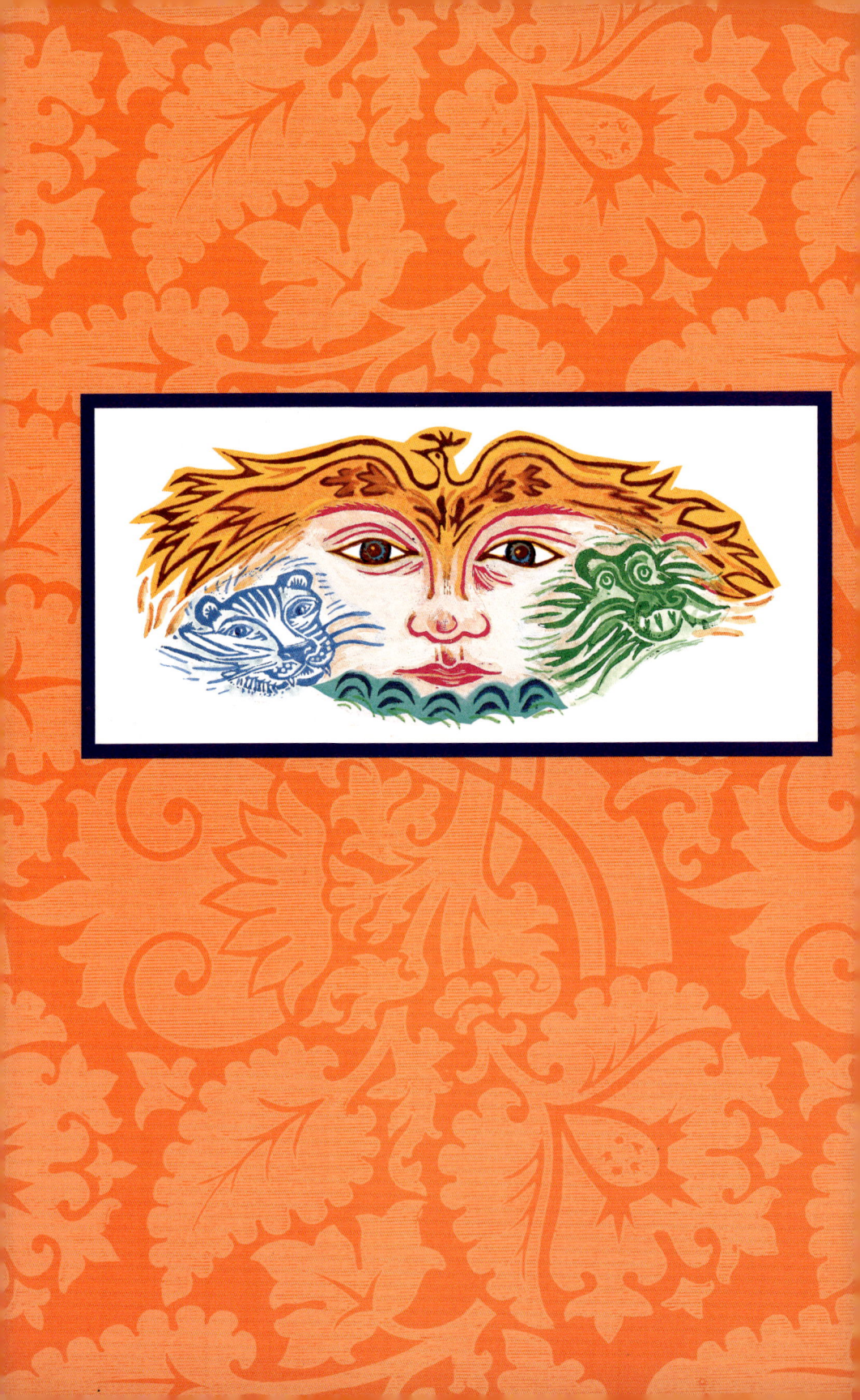

# 5

## NASE UND WANGENKNOCHEN

Nase und Wangenknochen

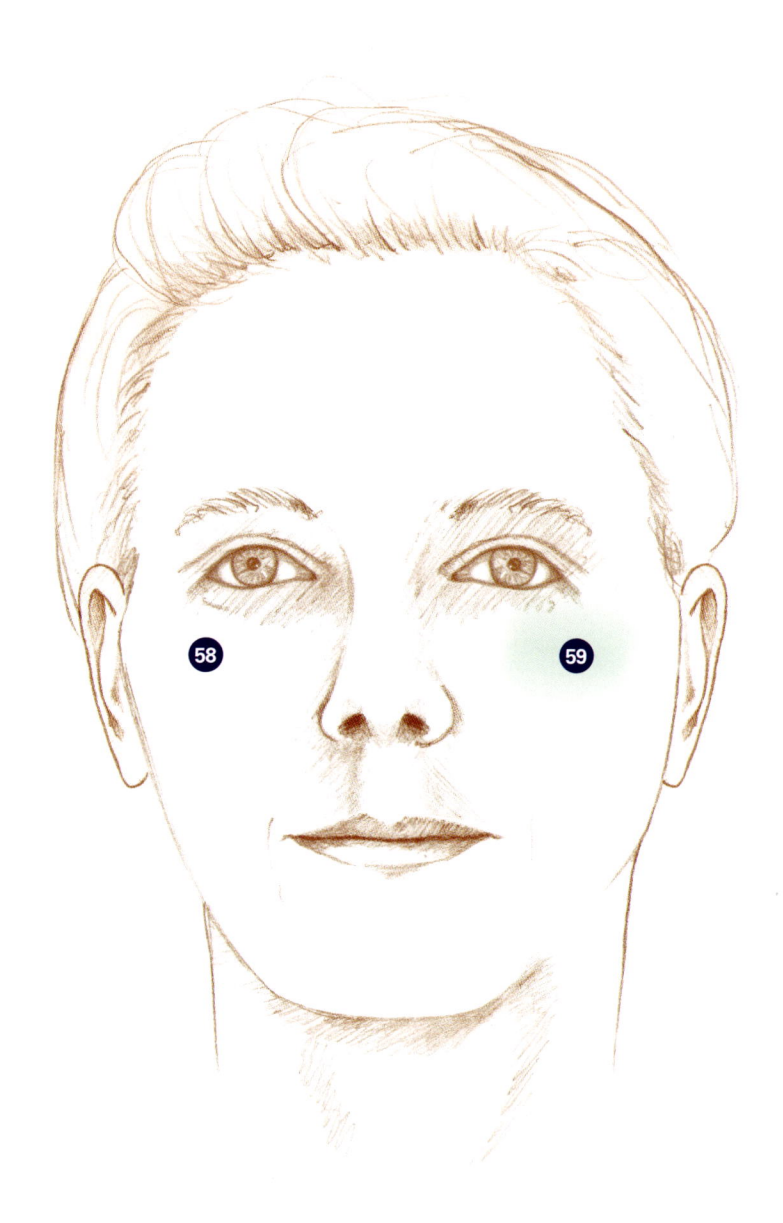

Die Alterspunkte der Wangenknochen

# DIE WANGENKNOCHEN – DIE WÄCHTER DES GESICHTS

In der chinesischen Tradition wird die Nase entweder als „Kaiser des Gesichts" oder als „fünfter Berg" bezeichnet. Sie ist das wichtigste und prominenteste Gesichtsmerkmal und, in Übereinstimmung mit allem, was in der östlichen Philosophie für die Mitte steht, das Symbol des Erdelements. Die Wangenknochen sind für die Chinesen die Wächter des Gesichts, aufgestellt zu beiden Seiten des Kaisers. Sie werden auch „Berg des grünen Drachens" bzw. „Berg des weißen Tigers" genannt, den symbolischen Tieren für die Elemente Holz und Metall. Das Holz-Element befindet sich auf der rechten, das Metall-Element auf der linken Seite. Die Stirn und das Kinn repräsentieren die beiden übrigen Elemente.

Direkt auf den Wangenknochen befinden sich die Alterspunkte für das 58. Jahr (rechts) und das 59. Jahr (links).

Die Wangenknochen sollen nach chinesischer Auffassung die Nase unterstützen und sich deshalb in deren Richtung neigen. Flache oder gar hohle Wangenknochen erfüllen diese Funktion nicht, was ihren Einfluss auf die Nasenregion deutlich schwächt.

## Nase und Wangenknochen

Sollte einer der Wangenknochen höher oder stärker ausgebildet als der andere sein, verliert die Interpretation der Nase viel von ihrer Bedeutung. Das gilt besonders für den Fall, dass der linke Wangenknochen höher als der rechte ist. Eine solche Asymmetrie steigert die Vorsicht einer Person bis zur Feigheit. So jemand wird wahrscheinlich wenig aus seinem Leben machen, einfach weil er sich nicht traut.

Wenn die Nase klein und flach ist, die Wangenknochen aber stark hervortreten, sieht das die Tradition als „Kaiser, der eine Marionette seiner Minister ist". So jemand ist häufig leichtgläubig und einfach zu (ver)führen.

Starke Wangenknochen und sehr straffe Haut gelten als weniger günstiges Merkmal: Sie sollen das Zeichen eines Pechvogels sein. Dieser Mensch ist vielleicht verschwenderisch, ohne einen Gedanken an die Zukunft zu verlieren, oder er schafft es nie, sich bietende Gelegenheiten beim Schopf zu ergreifen. Selbst wenn er phasenweise prosperiert, wird dieser Trend nicht von Dauer sein, sondern er wird sein Vermögen so rasch wieder verlieren, wie er es erworben hat.

Flache oder hohle Wangenknochen sind ein Merkmal für Schüchternheit und geringe Selbstachtung. So jemand wünscht sich ein ruhiges Leben ohne Komplikationen und vermeidet geflissentlich, Verantwortung zu übernehmen.

Die Bereiche der Nase

# DIE BEREICHE DER NASE

Die Nase wird in sechs Bereiche unterteilt, die jeweils einem der Alterspunkte zugeordnet sind und mit einem traditionellen chinesischen Namen bezeichnet werden. Das rechte Nasenloch wird T'ing Wei genannt, das linke ist als Lan T'ai bekannt. Die Nasenspitze heißt Chun T'ou, und auf Augenhöhe finden wir den Shan Ken. Zwischen letzteren befinden sich der Nien Shang (am Ende des Nasenbeins) und der Shou Shang am Knorpel.

Vier dieser Punkte sind bedeutungsvoll. Es sind dies der Shan Ken, der Alterspunkt für das 40. Jahr; der Nien Shang (43. Jahr); der Shou Shang, der für das 44. Jahr steht, und der Choun T'ou auf der Nasenspitze, der Alterspunkt des 47. Jahres. Die Nasenlöcher stehen mit dem 48. Jahr (rechts) bzw. dem 49. Jahr (links) in Zusammenhang (siehe die Abbildung zu den Alterspunkten der Nase auf der nächsten Seite).

Ein Mal auf entweder dem Shou Shang (44. Jahr) oder dem Nien Shang (43. Jahr) deutet auf einen exzentrischen und unberechenbaren Charakter. Jemand mit einem dieser Merkmale hat Schwierigkeiten, mit anderen in Beziehung zu treten, vermag nur schlecht zu kommunizieren und kann daher kaum Beziehungen aufrechterhalten.

Die Bereiche der Nase

Nase und Wangenknochen

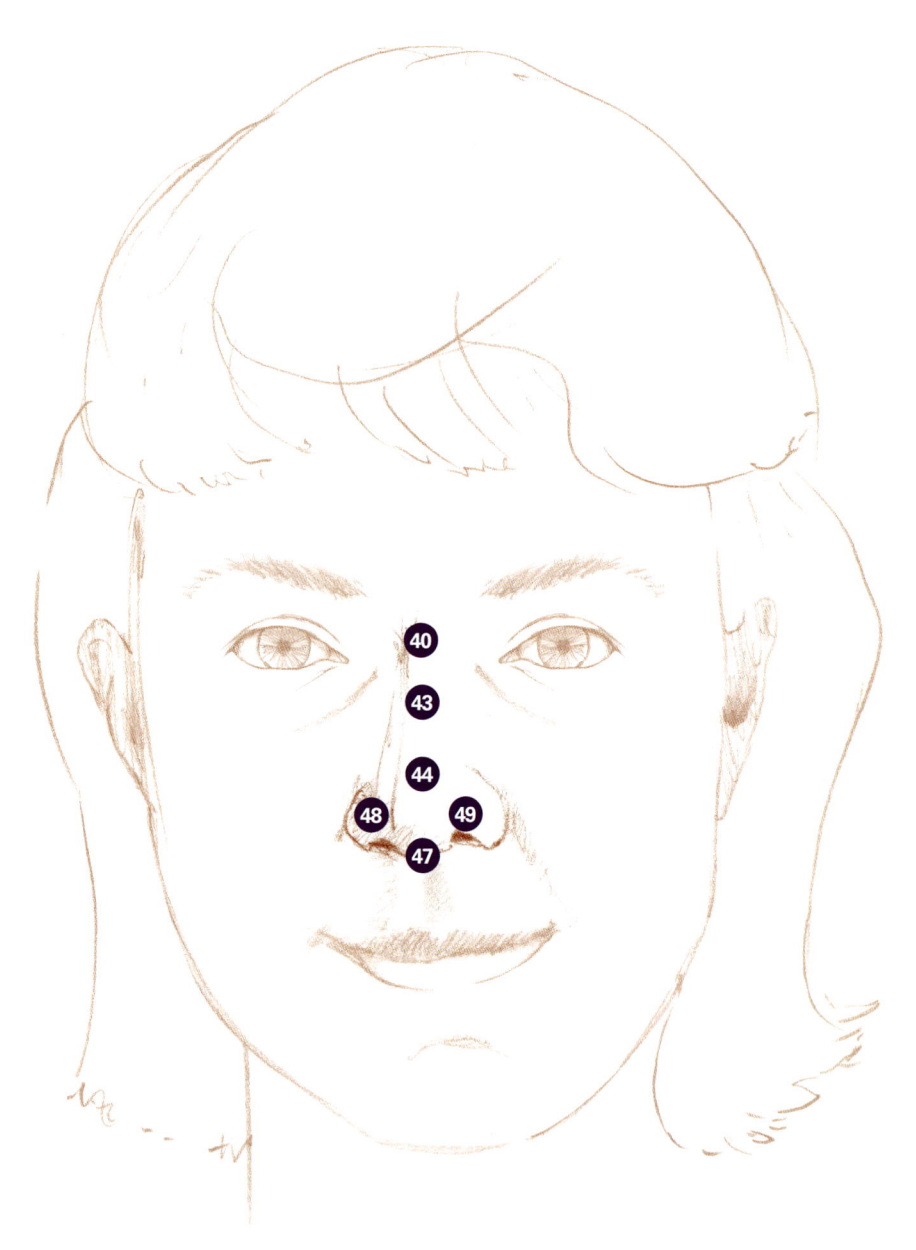

Alterspunkte auf der Nase

100

Die Nase – Der Berg der Mitte, der Kaiser des Gesichts

# DIE NASE – DER BERG DER MITTE, DER KAISER DES GESICHTS

Die Proportion spielt im chinesischen Gesichtslesen eine besonders wichtige Rolle; danach sollte die ideale Nase weder zu groß noch zu klein noch zu dünn oder zu breit im Vergleich zu den anderen Gesichtszügen sein. Die Haut ist im besten Fall makellos, und die Nasenspitze sollte rundlich, aber nicht zu knollig sein.

Wenn es beim direkten Blick auf ein kaukasisches Gesicht möglich ist, in die Nasenlöcher zu schauen, ist die Person wahrscheinlich extravagant und hat keinen echten Sinn für Geld. Es ist jemand, der keinen Grund erkennen kann, warum er guten Rat beherzigen sollte. Er ist überzeugt, es ohnehin selbst am besten zu wissen, und wird alles exakt nach seinen Vorstellungen machen. Jedoch wird er dies eines Tages bitter bereuen, glaubt man der Interpretation dieses als sehr ungünstig eingestuften Merkmals.

*Schmale, rundliche Nasenlöcher*

Ovale Nasenlöcher deuten auf einen listigen Menschen. Er ist vorsichtig, bedacht und scheut Risiken. Er hat eine Hand fürs Geld und wird zu Wohlstand gelangen. Sehr runde Nasenlöcher sind das Merkmal von Perfektionisten, die sich Ordnung und System in ihrem Leben wünschen. Sie sind zum Organisieren geboren und tun dies auch, gleichermaßen für sich und für andere.

101

Nase und Wangenknochen

## ALLGEMEINE MERKMALE DER NASE

Auch wenn eine lange Nase generell einer kurzen vorzuziehen ist, gilt dies nur so lange die Proportion stimmt und die große Nase nicht das Gesicht beherrscht. Eine dünne, spitze Nase gehört zu einem unabhängigen Menschen. Er ist vielleicht ein Einzelgänger, der seine Schüchternheit nicht zeigen will. In Gegenwart von Fremden fühlt er sich befangen; er hat nur wenige echte Freunde.

Eine sehr große (lange oder breite) Nase in Kombination mit flachen, eingefallenen oder unauffälligen Wangenknochen warnt vor wiederkehrenden familiären Problemen und mit Schwierigkeiten überfrachteten Beziehungen.

Dünne, spitze Nase

Eine sehr dünne, schnabelartige Nase, die hoch im Gesicht sitzt, ist ein sicheres Zeichen für jemanden, der den Luxus liebt, sich diesen Lebensstil aber selten leisten kann.

Eine hoch angesetzte, dünne Nase mit einem merkbaren, aber nicht zu stark hervortretenden Nasenbein zeigt Entschlossenheit, die Fähigkeit, schnelle und korrekte Entscheidungen zu treffen und diese auch umzusetzen.

Sind die die Nasenform bildenden Knochen deutlich zu sehen, markiert das eine unwillige, reichlich arrogante Person, die es hasst, berichtigt zu werden, Widerspruch zu dulden oder Ratschläge zu akzeptieren. Allerdings ist sie keine Kämpfernatur, weshalb sie sich lieber aus Konflikten zurückzieht anstatt diese auszufechten. Eine plumpe Nase

### Allgemeine Merkmale der Nase

mit großen Nasenlöchern ist ein sicheres Zeichen für einen sehr starken Sextrieb.

Sympathie und Warmherzigkeit zeichen den Träger einer weichen, rundlichen Nase aus. Dieses mitfühlende Wesen strahlt als ganzes Milde aus. Es ist offen und großzügig mit guten Raschlägen und mit Geld, könnte aber von hartherzigen Menschen ausgenutzt werden.

Eine rötliche Nase besagt Ungeschick in Gelddingen und ständige Verschuldung.

Sitzt ein Nasenloch höher als das andere, haben wir eine äußerst gerissene Person vor uns. An Gewissen mangelt es ihr womöglich, was sie durch Skrupellosigkeit ersetzt.

Eine merklich blasse Nase, vielleicht mit einem Stich ins Graue, markiert einen regen Geist, der ständig an Plänen arbeitet. Ein solcher „Ideen-Mann" wird nicht aufgeben, selbst wenn die Chancen schlecht stehen. Wenn es irgendjemandem gelingt, eine Lösung für die vertracktesten Probleme zu finden, dann ihm.

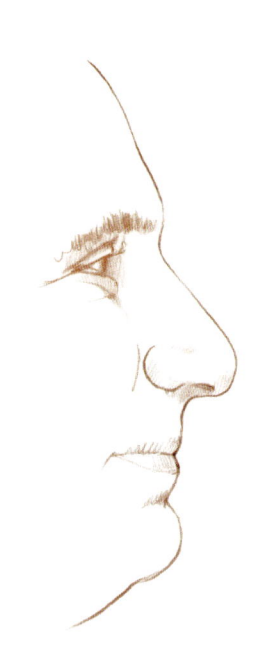

Dünne, schnabelartige Nase

Plumpe Nase

Ungleiche Nasenlöcher

103

Nase und Wangenknochen

## DAS PROFIL DER NASE

Sehen wir uns jetzt die Nase von der Seite her an.

### Die Schwertnase

Dieser Typ ist lang, schmal und spitz, knochig und hart. Der Träger ist niemand, den man leicht kennenlernt. Er gibt sich distanziert und unnahbar, dabei ist er in Wahrheit schüchtern. Unter der reservierten Hülle schlägt ein mitfühlendes Herz. Seine ersten Jahre dürften von familiären Krisen gekennzeichnet gewesen sein, und es mag aus der Zeit der Geburt oder Kindheit noch ungeklärte Fragen geben. Er ist von Natur aus konservativ, weshalb er eine Weile braucht, um sich an neue Situationen anzupassen, wird aber ein erfolgreiches Leben führen. Eines der besten Beispiele für eine Schwertnase war Napoleon Bonaparte.

### Die Nase des einsamen Berges

Den einsamen Berg erkennt man an der hoch angesetzten Nasenspitze. Die Wangenknochen und der Nasenrücken sind flach. Wenn so jemand auch ein bequemes Leben führen wird, muss er sich doch mit weniger zufriedengeben, als er eigentlich wollen würde. Probleme in der Kindheit lehren ihn, unabhängig zu sein, obwohl Familie und Freunde ihm in harten Zeiten gerne helfen würden. Er ist aber vermutlich zu stolz, um diese Hilfe anzunehmen. So wird er seine hochfliegenden Pläne nicht verwirklichen können, aber dennoch ein komfortables Dasein führen und im Großen und Ganzen glücklich und zufrieden sein.

**Das Profil der Nase**

## Die haarige Nase

Die Nasenlöcher dieses Typs sind besonders groß, weit geöffnet und haarig. Die Nase selbst ist groß und kräftig, die Spitze jedoch dünn und flach. Der Träger wetteifert gerne und hat ein Händchen fürs Geld. Häufig ist er ein Verschwender nach dem Motto: „Wie gewonnen, so zerronnen." Er ist eine Spielernatur und ein Stehaufmännchen, das nie verzweifelt. Er wird nicht einmal, sondern viele Male Erfolg haben; sein Leben gleicht einer Achterbahnfahrt voller Tücken.

## Die Höckernase

Bei diesem Typ wölbt sich der Nasenrücken nach außen, was die Nase fälschlicherweise sehr groß erscheinen lässt, obwohl sie in Wahrheit recht schmal ist. Der Träger ist humorvoll und beliebt. Allerdings irrt er sich nicht selten und es mangelt ihm an Beständigkeit. In finanziellen Angelegenheiten, mit Freunden und in engen Beziehungen (die in Phasen ablaufen) wird es mit ihm auf und ab gehen. Unterschiedliche Menschen werden zu unterschiedlichen Zeiten wichtige Rollen in seinem Leben spielen. Jedoch ist er außerordentlich couragiert und ein Überlebenskünstler.

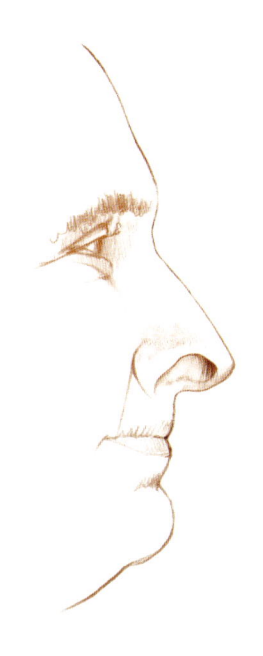

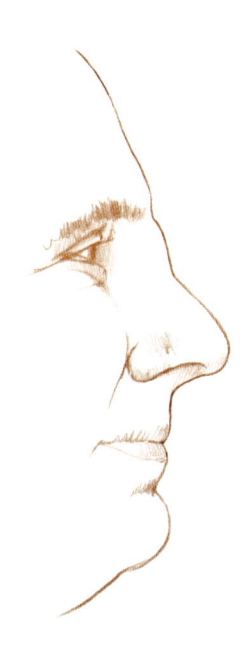

### Nase und Wangenknochen

### Die Drei-Knick-Nase

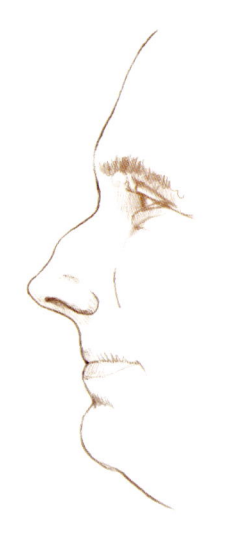

Der Ansatz dieser Nase (der Shan Ken) ist tief eingefallen, der Rücken bildet einen Höcker und die Spitze ist dünn und scharf. Das Leben dieses Menschen wird niemals langweilig sein. Zu seinem Glück ist er sehr belastbar und lernt, mit seinem wechselvollen Geschick umzugehen. Er könnte auf der Karriereleiter ganz oben stehen, nur um zu erleben, dass eine Sprosse aus heiterem Himmel bricht. Umgekehrt ist ihm das Schicksal äußerst gewogen, wenn er ganz unten ist, so dass er sich wieder aus dem Sumpf herausziehen kann.

### Die kollabierte Nase

Der Rücken dieses Nasentyps ist eingefallen. Jede Nase, die zwischen Ansatz und Spitze sanft nach innen gekrümmt ist, kann als Form der kollabierten Nase gelten. Sie ist das Merkmal eines gerissenen und selbstsüchtigen Menschen, der immer auf der Suche nach der großen Chance und dem schnellen Geld ist. Im Spiel des Lebens ist er ein Gewinner, auch wenn sein Ehrgeiz übertrieben scheint. Vielleicht erfüllen sich nicht alle seine Wünsche, er sollte in materiellen Dingen aber ausgezeichnet zurechtkommen. Dieser Charakter vermeidet Verantwortung und ist sehr geschickt darin, Schwierigkeiten zu entrinnen.

**Das Profil der Nase**

## Die Adlernase

Wie der Name schon sagt, ähnelt dieser Nasentyp dem Schnabel eines Raubvogels: scharf und von der Spitze an deutlich nach außen gekrümmt. Der Träger ist selbstbewusst und ziemlich eindrucksvoll; seine eigenen Interessen stehen an erster Stelle. Er ist intolerant und ungeduldig; Herausforderungen sind die Würze seines Lebens und Konflikten wird er selten aus dem Weg gehen. Er schmiedet sein Schicksal lieber selbst als darauf zu warten, dass sich ein günstiger Zeitpunkt einstellt, und steuert pfeilgerade und ohne viel Rücksicht auf Verluste sein Ziel an.

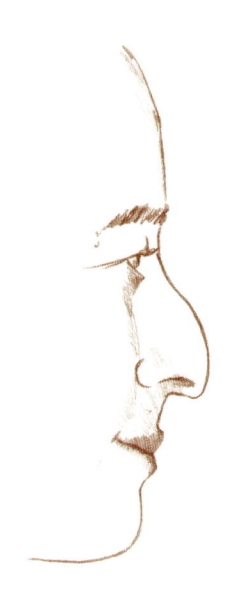

## Die Nasenloch-Nase

Sie zählt zu den größeren Exemplaren, mit einer gerundeten, leicht aufwärts gebogenen Spitze. Blickt man der Person gerade ins Gesicht, kann man beide Nasenlöcher sehen. Der Träger muss ein wechselhaftes Geschick erdulden. Das geht, weil er vieles leichtnimmt, etwa den Umgang mit Menschen und mit Geld. Hat er etwas auszugeben, tut er dies mehr als großzügig. Ist er aber knapp bei Kasse, bewahrt er seine Würde und wird sich selten oder nie über seine Armut beklagen.

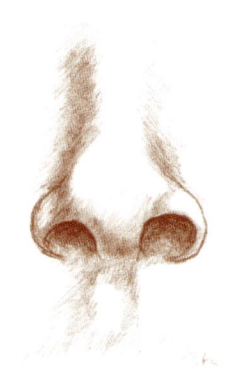

Nase und Wangenknochen

### Die Beulennase

Diese Nase kann jede Form haben – das bestimmende Merkmal ist ein Höcker am Nasenrücken, genauer gesagt am Nien Shang. Der energische Träger glaubt, es in jeder Lage selbst am besten zu wissen. Er würde lieber einen Fehlschlag einstecken als dem Rat eines anderen zu folgen. Er weist aber auch positivere Züge auf: Er ist großzügig und gutmütig und wird echte Freunde und Verbündete fürs Leben finden.

### Die Nase aus dem Gleichgewicht

Wie der Name schon andeutet, liegen hier die beiden Nasenflügel auf deutlich unterschiedlichen Niveaus. Dieses unglückliche Merkmal zeigt den Verlust von viel Geld an, verpasste Gelegenheiten und Enttäuschung. Ist allerdings die Nasenspitze rundlich, verbessert das die Aussichten hin zu weniger gravierenden Verlusten und Glück, wenn es am nötigsten gebraucht wird. Dieser Mensch wird aus seinen Problemen sehr viel lernen und Weisheit erlangen.

### Die Nase des Sohns des Philosophen

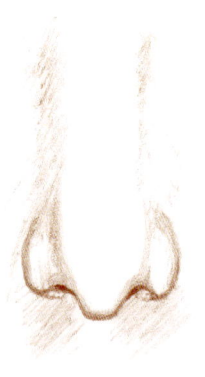

Dieser Typ hat reine Haut und ist entweder gerade oder leicht gebogen. Sie ist meist recht lang, sehr harmonisch und ein wenig spitz. Der Ansatz ist sehr breit. Die Nase mag aristokratisch wirken, der Träger ist aber alles andere als ein Snob. Im Gegenteil: Er ist egalitär und aufgeschlossen. Er liebt das Leben und behandelt alle mit demselben Respekt. Er hat ein ausgeprägtes Moralempfinden und wird stets bereit sein, Grundsätze mit aller Macht zu verteidigen.

**Das Profil der Nase**

## Die Lammnase

Die Lammnase ist über beinahe die gesamte Länge gerade und recht kräftig, an der Spitze wird sie aber rundlich bis knollig; die Nasenlöcher sind von vorne deutlich zu sehen. Dieser Mensch arbeitet hart und kommt durch konsequentes Bemühen zum Erfolg. Er ist energiegeladen, ehrgeizig, respektabel und entschlossen und wird im Job Karriere machen. Persönliche Beziehungen könnten jedoch unter seiner Unnachgiebigkeit leiden. Zudem ist er ausgesprochen nachtragend und schleppt die schwersten Vorbehalte mit sich herum, wenn er sich falsch behandelt fühlt.

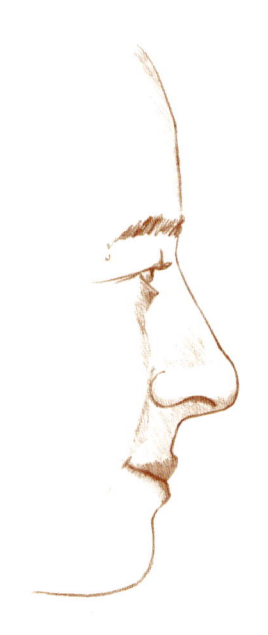

## Die Rehnase

Diese Nase wirkt rundlich, aber kräftig. Speziell die Spitze ist gerundet, dabei aber leicht vorstehend. Der Nasenrücken ist vielleicht leicht inwärts gebogen. Diese Person ist anderen ein wirklich guter Freund, der hilft, wo Hilfe nötig ist. Sie hält ein Versprechen für etwas Heiliges, ist treu und loyal und wird mit Familie, Freunden und Kollegen durch dick und dünn gehen. Sie verfügt über einen sicheren Instinkt für die Auswahl ihrer Freunde und umgibt sich fast nur mit den richtigen Menschen. Die Rehnase ist ein günstiges Merkmal: Man darf auf ein langes Leben und eine große Familie hoffen.

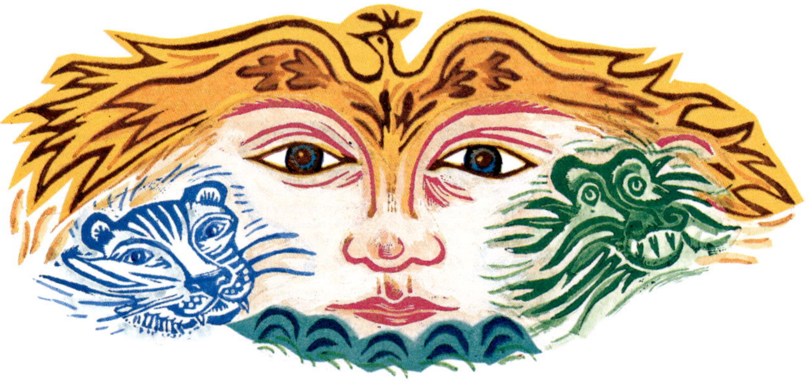

# 6

## DIE OHREN

Die Ohren

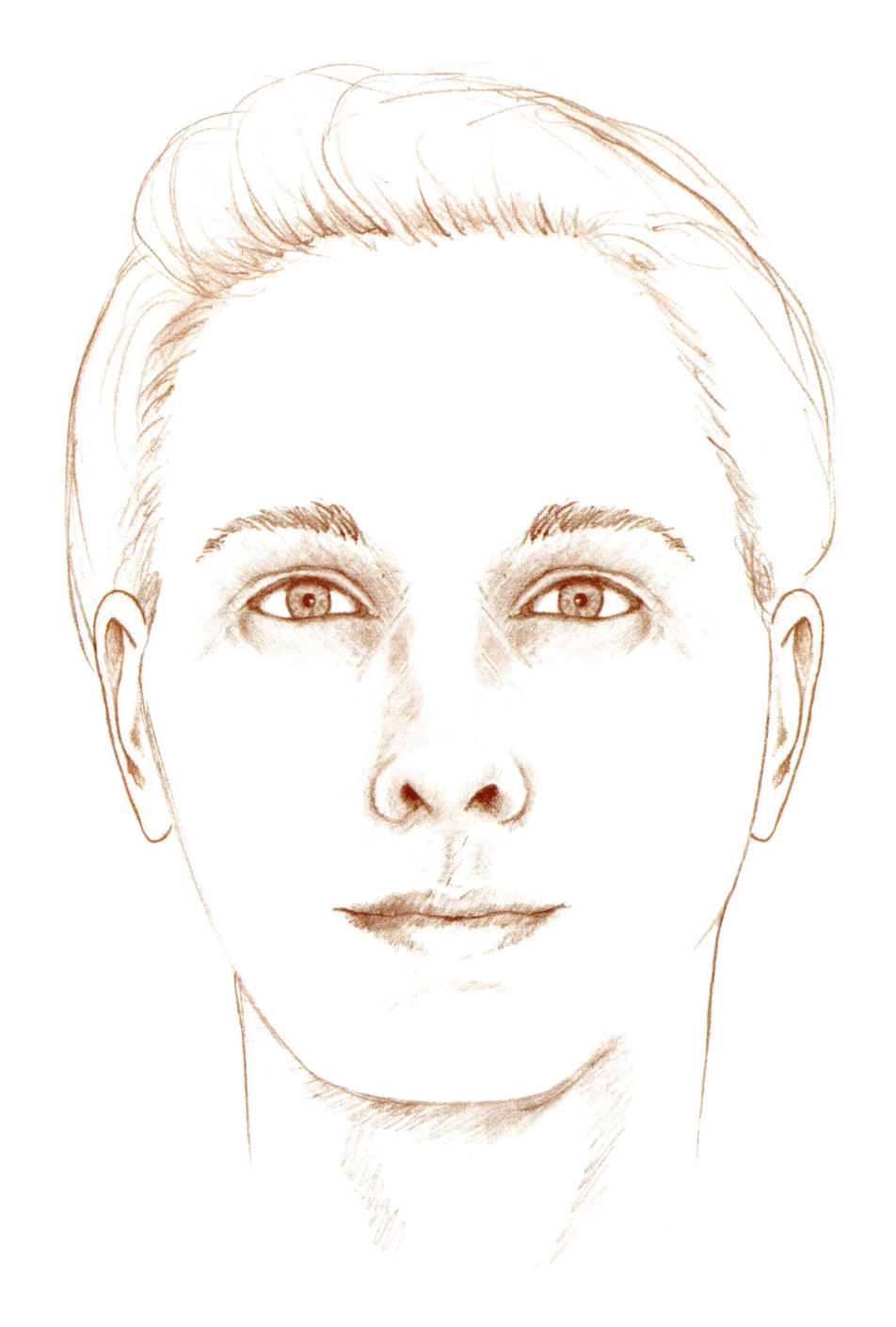

Intelligente Ohren

Die Position des Ohrs

Die Ohren jedes Menschen sind einzigartig und werden für besonders wichtig gehalten. Vor der Ära der Fingerabdrücke wurden Kriminelle oft aufgrund der Form ihrer Ohren identifiziert. Im Gesichtslesen werden Form und Position der Ohren hingegen vor allem zur Einschätzung der Intelligenz eines Menschen herangezogen. Die so wichtigen Ohren sind in mancherlei Hinsicht der intimste Bereich des Gesichts. Dieser Umstand wird von der Tatsache unterstrichen, dass etliche Frisuren diese so viel enthüllenden Merkmale verdecken. Man muss jemandem schon sehr viel Vertrauen entgegenbringen, um ihm seine Ohren zur genauen Inspektion zu überlassen.

Als erstes ist die Position der Ohren relativ zu den Brauen und der Nasenspitze zu eruieren. Ebenfalls von Bedeutung ist, ob die Ohren weiter hinten am Kopf sitzen oder eher näher bei den Wangenknochen.

## DIE POSITION DES OHRS

Um die genaue Lage der Ohren zu bestimmen, muss man eine vorgestellte Linie von den Augenbrauen (der Grenze zwischen dem himmlischen und dem menschlichen Gesichtsbereich) zur Ohrmuschel und weiter zum Hinterkopf ziehen. Den Chinesen nach gilt: Je weiter hinten am Kopf die Ohren sind, desto intelligenter sollte der Mensch sein. Im Durchschnitt befinden sich die Ohren auf zwei Dritteln der Strecke von den Brauen zum Hinterkopf, was eine durchschnittliche Intelligenz bedeutete. Demzufolge steigt die Wahrscheinlichkeit für eine Person, eher einfältig zu sein, je näher die Ohren an die Wangenknochen heranrücken.

## DIE LÄNGE DER OHREN

Auch die Länge der Ohren werden als Maßstab für die Intelligenz angesehen. Wenn das obere Ende der Ohren über der Brauenlinie zu finden ist, während die Ohrläppchen bis unterhalb der Nasenspitze reichen, kann dies als Merkmal eines Genies gewertet werden. Die meisten Menschen sind durchschnittlich intelligent und ihre Ohren enden zwischen Brauen- und Nasenspitzenlinie. Bedenken Sie, dass die Ohren nicht der einzige Indikator für die Intelligenz sind – die Höhe und Breite der Brauen ist ebenfalls zu berücksichtigen.

Häufig trifft man auf Personen, deren Ohren bis über die Brauenlinie reichen, deren Ohrläppchen aber ebenfalls oberhalb der Nasenspitze enden. So jemand dürfte ein geborener Entertainer sein – aufgeweckt und extrovertiert. Er liebt es, im Mittelpunkt zu stehen, ist originell und bedient sich unkonventioneller Arbeitsmethoden. Bewunderung für ihn und Kritik an ihm halten sich die Waage.

Ohren unterhalb der Brauenlinie mit Ohrläppchen, die bis auf die Höhe der Nasenspitze reichen, enthüllen einen Mangel an Detailbeachtung. Dieser Mensch ist ein Tagträumer und Zeitverschwender, der sich gern seinen Pflichten entzieht. Schlimmer wird es, wenn das Ohr weich, fleischig und rundlich ist.

**Weitere Ohrmerkmale**

Ohren oberhalb der Brauenlinie mit Ohrläppchen exakt auf der Nasenspitzenlinie markieren einen beharrlichen und entschlossenen Charakter, der über harte Arbeit zum Erfolg kommt. Das Merkmal zeigt auch ein günstiges Schicksal, künstlerisches Talent und einen kreativen Geist.

Ohren mit unterschiedlichen Längen oder gar Größen gelten als schlechtes, Unglück verheißendes Zeichen. Pläne werden selten erfolgreich durchgeführt. Jemand mit diesem Merkmal wird sich mit dem zweiten Platz begnügen und faule Kompromisse eingehen müssen.

## WEITERE OHRMERKMALE

Kleine Ohren zeigen eine schwächliche Konstitution und einen sorgenvollen Charakter an. So jemand sollte sich auf das Hier und Jetzt konzentrieren, anstatt darüber zu grübeln, was sein könnte. Es ist bedenkenswert, dass manche Rassen tendenziell kleinere Ohren haben als andere; die chinesischen Interpretationen werden deshalb in unserer modernen homogenen Gesellschaft nicht immer greifen.

Leicht abstehende Ohren sind das Merkmal großer Denker, die normalerweise „in ihrem Kopf" leben und nicht selten wirken, als kämen sie von einem anderen Planeten. Es kann auch ein Zeichen für Skeptizismus sein. Häufig betrifft es Menschen, die als Kinder unsicher waren und dieses ängstliche Muster durch ihr ganzes Leben schleppen.

**Die Ohren**

Stark abstehende „Segelohren" deuten im Regelfall auf turbulente frühe Jahre hin. Die Frustrationen und Demütigungen aus dieser schwierigen Vergangenheit wird so jemand nicht einfach ablegen können, aber es mag ihm gelingen, daraus später im Leben positive Lehren zu ziehen.

Flach anliegende Ohren stehen für ausgezeichnetes Urteilsvermögen. Dieser Mensch wird sich geduldig alle Standpunkte anhören und sein Urteil mit kühlem Kopf fällen. Das Merkmal enthüllt sowohl eine glückliche Kindheit als auch zufriedene mittlere Jahre in Wohlstand.

Spitze Ohren gehören zu misstrauischen Personen mit scharfer Auffassungsgabe. Sie sind äußerst kritisch und nicht selten aggressiv. Sie sehen in anderen das Negative und entwickeln leicht einen Hang zur Paranoia.

## DIE SYMBOLISCHE STRUKTUR DER OHREN

Traditionell heißt der Umriss des Ohrs „großes Rad". Das große Rad wird, analog zur Dreiteilung des Gesichts, in drei kleinere Räder unterteilt. Der obere Teil wird „Himmelsrad", der mittlere „Menschenrad" und der untere, das Ohrläppchen, „Erdrad" genannt. Dazu kommt das „innere Rad", der Bereich um den Gehörgang. Dieser bildet das Zentrum des Ohrs und verbindet symbolisch die äußere Welt mit der inneren Welt der Gedanken.

## OHREN IN DER KINDHEIT

Gemäß der Verteilung der Alterspunkte repräsentieren die Ohren die so bedeutsamen und aufnahmewilligen frühen Jahre. Vom oberen Rand bis zu den Ohrläppchen deckt das linke Ohr die Jahre null bis sieben, das rechte die Jahre acht bis vierzehn ab.

## DIE FARBE DER OHREN

Die Farbe der Ohren fügt der Interpretation der Lage und der Form weitere Details hinzu.

Ein rotes oder rosafarbenes Ohr zeigt einen regen Geist an. Ein Mensch mit roten Ohren kann Informationen leicht und schnell aufnehmen. Diese scharfsinnige Person kann Wissen hervorragend zu ihrem Vorteil nutzen. Sehr rote Ohren bedeuten hingegen Stress; so jemand würde von Meditation profitieren und sollte weniger Stimulantien (Kaffee) zu sich nehmen.

Sind die Ohren sogar purpurn, zeigt dies einen schlechten Kreislauf und schwache Gesundheit. Weniger Zucker und weniger Alkohol könnten helfen.

Ohren mit einem Graustich gehören zu gesprächigen Menschen. Sind solche Ohren klein, haben wir es mit einer indiskreten Person zu tun, die unmöglich etwas für sich behalten kann, selbst wenn sie sich dadurch selbst Steine auf den Weg legt. Plötzlich auftauchende graue Flecken am Ohr werden traditionell als Vorbote nahenden Unheils gesehen. Am besten bewahrt man stoische Gelassenheit.

Die Ohren

Sind die Ohren blass und weißer als die übrige Haut, stehen dem Träger erstaunliche Erfolge ins Haus. Solche Ohren sind ein Ruhmeszeichen, und ganz sicher wird der Mensch sich eine ausgezeichnete Reputation erarbeiten.

## TRADITIONELLE OHRTYPEN

Wie auch bei den anderen Gesichtsmerkmalen, den Augen, Augenbrauen und der Nase etwa, misst die Tradition des Gesichtslesen den unterschiedlichen Ohrtypen eine besondere Bedeutung zu.

Auf mancherlei Weise spiegeln die Ohren das Gesicht als Ganzes wider; dementsprechend werden die ersten fünf Ohrtypen nach den bekannten fünf Elementen benannt.

### Das Holzohr

Der oberste Bereich dieses Ohrtyps ist nach oben hin gestreckt und insgesamt größer als der mittlere. Der innere Ring ragt über den Rand des großen Rads hinaus. Das Ohr ist dünn und weist gar kein oder nur ein kleines Ohrläppchen auf.

Holzohren sind geduldige, beständige Naturen. Ein glückliches Schicksal wird sich nicht auf die leichte Art einstellen; für einen Erfolg im Leben braucht es Beharrlichkeit. Aber: Wie viele Versuche es auch braucht, wie viel Trübsal dem Holzohr auch widerfährt – am Ende wird es das Ziel seiner Sehnsucht erreichen. Die Aussichten für einen gesunden, glückli-

**Traditionelle Ohrtypen**

chen Lebensabend ohne Geldsorgen sind gut. Weniger gut allerdings, wenn Holzohren in Verbindung mit einem Metall- oder Erdgesicht auftreten.

## Das Feuerohr

Es hat ein spitziges Himmelsrad. Wie beim Holzohr ragt das innere über den Rand des großen Rads. Feuerohren fühlen sich hart und gar nicht fleischig an, haben aber ein Ohrläppchen. Sie gehören zu sehr eigensinnigen und unabhängigen Menschen, die Kritik oder Rat so gut wie gar nicht annehmen können. Sie sind ungeduldig, cholerisch und wenig intellektuell. So jemand braucht Aktion, und wenn es nicht nach seinem Kopf geht, schmollt er. Kombiniert mit einem Feuergesicht stehen die Chancen auf ein erfülltes, glückliches Leben besser.

## Das Erdohr

Es ist vergleichsweise groß, dick und fleischig. Das Ohrläppchen ist füllig und rundlich, wie auch die Räder. Das große Rad wird einen Großteil des ganzen Ohres ausmachen. Erdohren gelten als gutes Omen, bedeuten sie doch ein langes, glückliches Leben in Wohlstand. So jemand ist gegenüber Freunden und Familie sehr loyal und weiß, dass das Glück anderer von derselben Bedeutung wie sein eigenes ist. Er wird sehr geliebt und respektiert werden. Etwas schlechter sind die Aussichten in Kombination mit einem Holzgesicht.

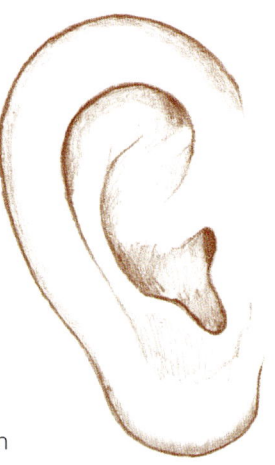

Die Ohren

### Das Metallohr

Es ist eher eckig und hat ein hartes Läppchen. Seine Färbung ist blasser als der Rest des Gesichts. Der obere Teil ragt über die Brauenlinie hinaus, und äußerer und innerer Ring sind nah genug, um sich beinahe zu berühren. Dieses Ohr deutet auf einen aktiven Geist, Neugier und gute Auffassung. Metallohren werden mit kreativem Talent assoziiert und sagen Karriere und Vermögen voraus. Allerdings kann auch Selbstsucht vorkommen: Jemand, der Beziehungen um des eigenen Vorteils willen opfert. Auch eine problematische familiäre Situation kann die Folge sein. Zum Unglückszeichen werden Metallohren an einem Holzgesicht.

### Das Wasserohr

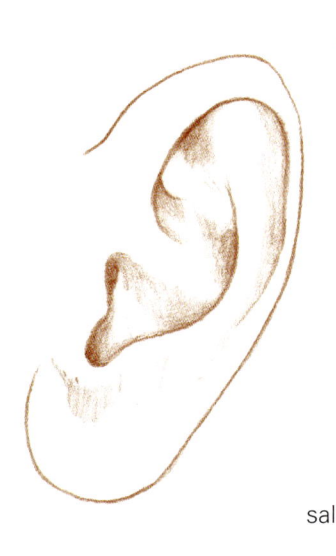

Es ist dick und weich mit großen, rundlichen Läppchen. Es liegt dicht am Kopf an, reicht über die Brauenlinie und wird in der Regel heller gefärbt sein als das übrige Gesicht. Der Ohrtyp gehört zu einem guten Verhandler, einem cleveren, schnell denkenden und dabei ruhigen Menschen. Er behält in Krisen einen kühlen Kopf und bewahrt in jeder Lage gelassene Haltung. Erfolge im Geschäft sind ihm sicher. Sollte das Wasserohr jedoch zusammen mit einem Feuergesicht auftreten, muss der Betroffene mit Schicksalsschlägen und finanziellen Verlusten rechnen.

**Traditionelle Ohrtypen**

## Das Schachohr

Dieses recht kleine, dickliche Ohr ist wohlgerundet. Es fühlt sich fest an. Schachohren sind heller gefärbt als ihre Umgebung und überragen die Brauenlinie. Der Träger ist ein Stratege und, wie der Name schon sagt, gut in entsprechenden Spielen. Er liebt die Herausforderung und seine Entschlossenheit sorgt dafür, dass er nie einen Kampf aufgeben würde, solange es auch nur einen Funken Hoffnung auf den Sieg gibt. Er ist mutig und unternehmungslustig. Schachohren sagen große Erfolge und viel Freude in den mittleren Jahren voraus. In Kombination mit einem Metallgesicht sind glückliche, langfristige Beziehungen zu erwarten; weniger günstig ist die Paarung mit einem Holzgesicht.

## Das Ohr berührt die Schulter

Dieser Typ wird auch als königliches oder einfach sehr langes Ohr bezeichnet. Es überragt die Brauenlinie, während das Läppchen unterhalb der Nasenspitzenlinie endet. Dieses ist dick, rundlich, groß und frei beweglich. Die alten Chinesen schätzten Personen mit solchen Ohren, wie sie auch an Buddha-Darstellungen zu sehen sind, und verbanden sie mit Würde und Autorität. So jemand ist weise und fähig und wird Großes erreichen – nicht selten nach langen Phasen des Bemühens, die er hervorragend durchzustehen vermag. Es gibt nicht viel, was er nicht erreichen kann, hat er sich erst einmal zu etwas entschlossen.

**Die Ohren**

### Das Windfangohr

Dieses Ohr ist breit und gerundet, sowohl im oberen wie im mittleren Bereich. Es steht stark ab, kann also „den Wind fangen". Wie alle abstehenden Ohren verweist es wahrscheinlich auf eine unglückliche Kindheit. Es mag Ungeklärtes im Hintergrund geben und vielleicht die Entfremdung von den Eltern. Diese Person hat Phasen der Einsamkeit erlebt und ist eventuell früh von zu Hause ausgezogen. Sie steuert ihren eigenen Kurs im Leben, ist ehrgeizig und arbeitet hart. Hat sie einmal ein Ziel anvisiert, wird sie es trotz aller Hindernisse erreichen. Dennoch braucht sie einen treuen Partner, um sich sicher zu fühlen.

### Das oben ausgestellte Ohr

Dieser Ohrtyp ist an seiner S-Form zu erkennen. Der obere Teil steht etwas ab und ist in Richtung Augenbrauen geneigt, das Läppchen Richtung Hinterkopf. Die inneren und äußeren Räder sind schwach ausgebildet und verschmelzen miteinander. Diese Merkmale zeichnen einen ziemlich stolzen und sehr unabhängigen Menschen aus. Er verlässt sich auf sich selbst, ist von Natur aus ein Einzelgänger und zieht es vor, allein mit seinen Angelegenheiten fertig zu werden. Er ist langsam und akribisch und benötigt lange Zeit, um zu irgendjemandem Vertrauen zu fassen. Treibt er sein Einzelgängertum zu weit, können daraus Probleme erwachsen, und er leidet vielleicht an seinem Lebensabend unter seiner Isolation.

**Traditionelle Ohrtypen**

## Das Schweinsohr

Dieser Typ ist kaum ausgebildet, beinahe wie ein formloses fleischiges Anhängsel an der Seite des Kopfes. In der Regel ist das Ohr dick und weich und ähnelt dem „Blumenkohlohr" alter Boxer. Weder die inneren noch die äußeren Räder sind ausgeprägt. Schweinsohren trägt ein aggressiver, ungestümer Mensch, der sich leicht zu übereiltem Handeln verleiten lässt. Häufig ist er unsicher, unentschlossen und voller Frustrationen, die in Form von Zornausbrüchen überkochen. In Finanzangelegenheiten sollte es ihm überraschenderweise gut gehen, obwohl er weder vorsichtig noch weise mit seinem Geld umgeht.

## Das Tigerohr

Das Tigerohr steht nicht ab. Tatsächlich ist es ein Hauptmerkmal dieses Ohrs, sehr fest anzuliegen. Es ist klein und fest, fühlt sich dick an und hat einen äußeren Ring mit kleinem Radius. Die Formen der äußeren und inneren Räder sind kaum ausgeprägt, sie sind unterbrochen oder ungleich und verschmelzen miteinander. Der Träger ist ehrlich und geradeheraus bis geradezu schmerzvoll unverblümt. Dennoch wird ihm seine Aufrichtigkeit Bewunderung eintragen. Menschen mit Tigerohren sind eindrucksvoll und haben ausgezeichnete Führungsqualitäten, können aber auch taktlos sein. Sie sind entscheidungsfreudig und, haben sie sich erst einmal zu etwas entschlossen, sehr beharrlich und zielstrebig.

Die Ohren

### Das Rattenohr

Dieser kleine Typ Ohr reicht selten über die Brauenlinie. Es ist voll und rund und weist ein stark gebogenes äußeres Rad auf. Im Gegensatz zum Westen, wo die sprichwörtliche Kanalratte mit Schmutz und Krankheit assoziiert wird, ist dieses Tier in China das Symbol für Wohlstand und unternehmerischen Scharfsinn. Träger von Rattenohren sind mit Sicherheit sehr raffiniert. Diese wachsamen Menschen erfassen profitable Gelegenheiten sofort und nützen sie weidlich aus. Sie sind auch willensstark und entschlossen, nach ihren eigenen Regeln zu spielen, können darauf aber geduldig warten. Hinter zur Schau getragener Lässigkeit verbergen sie einen kühlen, berechnenden Geist. Selten wird so jemand spontan agieren, sondern genau nach dem lange im Voraus zurechtgelegten Plan vorgehen.

**Traditionelle Ohrtypen**

## Das Stachelschwein-Ohr

Im Gegensatz zu dem, was man erwarten könnte, ist dieses Ohr nicht stachelig. Das obere Rad ist sehr breit und ragt über die Brauenlinie hinaus. Der Rest des Ohrs ist sehr fest und ziemlich gerade. Die chinesische Tradition assoziiert mit dem Stachelschwein-Ohr ein „starkes Erscheinungsbild". Eine Person mit solchen Ohren verlangt Respekt und hat charakterliche „Stacheln". Sie kann ganz schön zynisch sein, verfügt aber über exzellente, mitunter gnadenlose Menschenkenntnis. Das Stachelschwein-Ohr ist ein origineller Denker mit großer Voraussicht, aber unklug im Umgang mit Geld. Dieses rastlose Subjekt wird sich nur schwer irgendwo niederlassen können. Laut volkstümlichen chinesischen Vorstellungen muss das Stachelschwein verhätschelt werden, um Schicksalsschläge in Form von Seuchen und Naturkatastrophen hintanzuhalten. Dies gilt analog auch für Träger von Stachelschwein-Ohren.

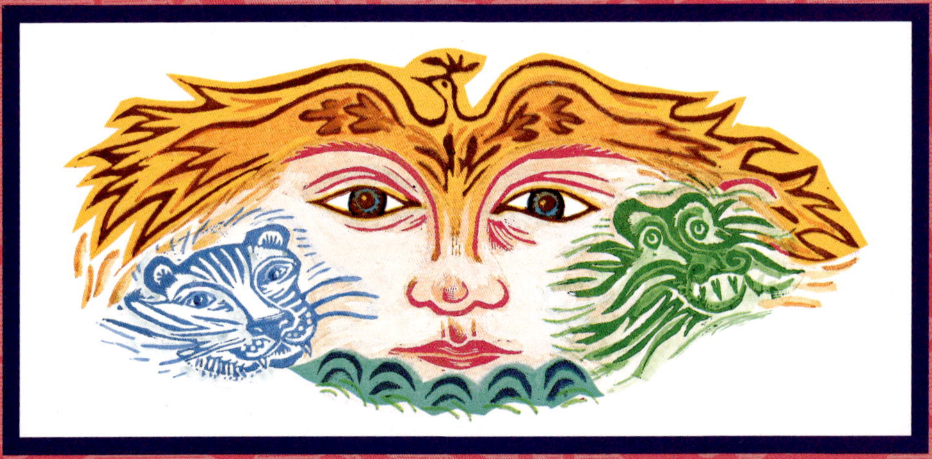

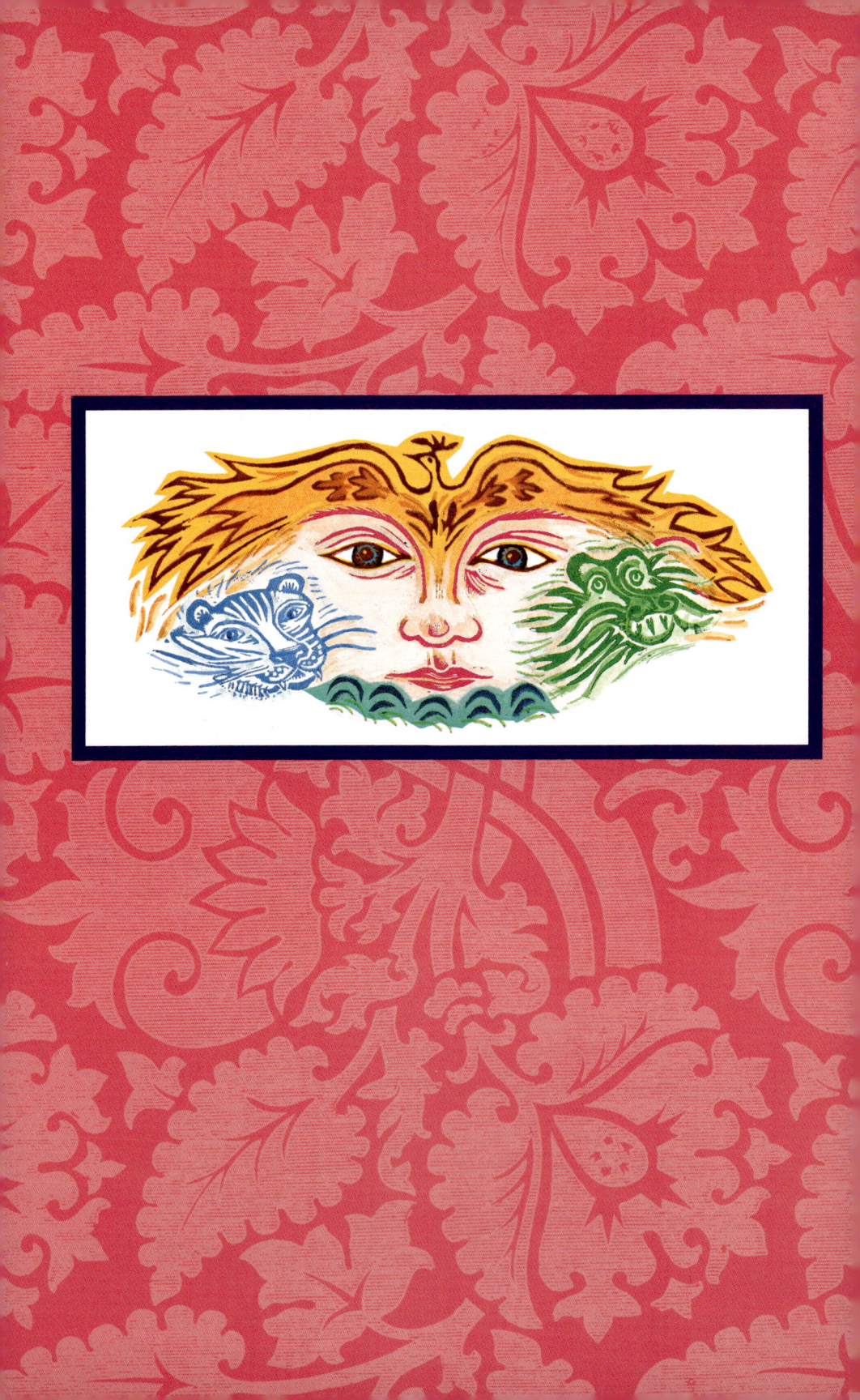

# 7

DIE NASOLABIALFALTEN

# Die Nasolabialfalten

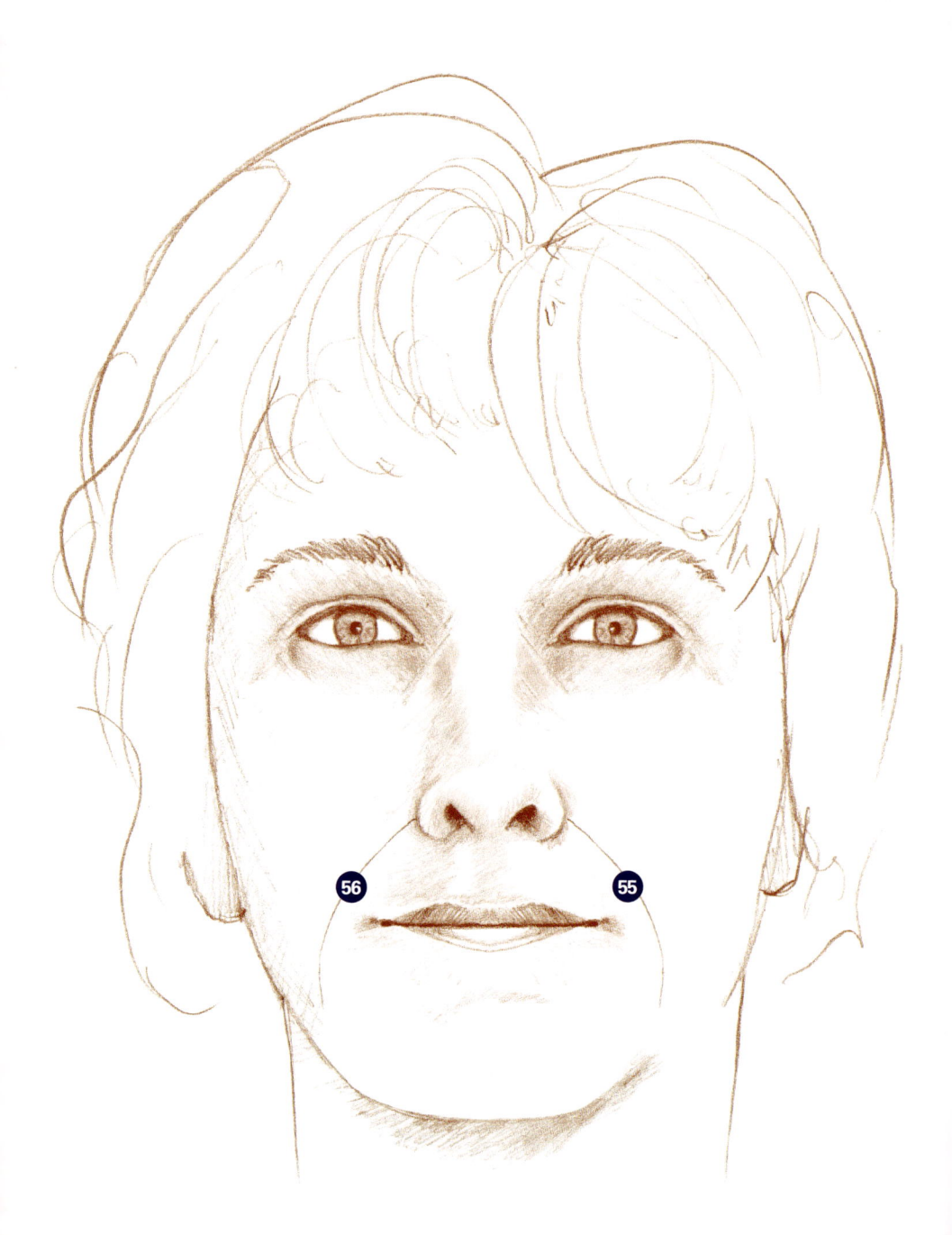

Alterspunkte auf den Fa Ling

Parallele Fa-Ling-Linien

Die Nasolabialfalten sind die beiden Falten, die von der Nase zu den äußeren Mundwinkeln verlaufen. Im chinesischen Gesichtslesen werden sie als Fa Ling bezeichnet. Nach den Regeln dieser uralten Kunst können der Verlauf und die Form dieser Linien eine Menge über den Charakter eines Menschen aussagen.

Was die Alterspunkte betrifft, beziehen sich die Fa Ling auf die Mittfünfziger, genauer gesagt auf das 55. Jahr (links) und das 56. Jahr (rechts).

# PARALLELE FA-LING-LINIEN

Treten die Fa-Ling-Linien im parallelen Doppel auf oder zweigt eine Seitenlinie ab, wird dies als Zeichen für erhebliche Geldsorgen interpretiert. Ein Träger paralleler Fa Ling hat keine Probleme, zu Geld zu kommen oder sich in einem Job zu behaupten, jedoch muss er erkennen, dass er sein Vermögen nicht zusammenzuhalten versteht – das Geld rieselt wie Sand durch seine Hände.

Parallele Fa-Ling-Linien

Die Nasolabialfalten

## MALE AUF DEN FA-LING-LINIEN

Dunkle Male oder Unebenheiten auf einer der Fa-Ling-Linien deutet auf extravagantes Gehabe hin. So jemand findet es schwierig, etwas auf die Seite zu legen, und lebt immer nur von Tag zu Tag. Diese Haltung kann sich auch auf die Karriere auswirken – in Form ständiger Jobwechsel. Nach den Fa-Ling-Alterspunkten bedeuten Makel auf den Wangenlinien Gefahr in den Mittfünfzigern. Der amerikanische Präsident Abraham Lincoln hatte auf seiner rechten Wange ein Mal und wurde im Alter von 56 Jahren erschossen. Glücklicherweise können diese negativen Effekte neutralisiert werden – durch ein Mal oder einen roten Fleck auf der Zungenspitze.

## GESCHLOSSENE FA LING

Wenn die Wangenlinien mit den Mundwinkeln verbunden sind, spricht man von geschlossenen Fa Ling. Die alten Chinesen beschrieben dieses Merkmal als „Drachen, die den Mund betreten" und hielten es für ein Unglückszeichen. Ein Träger muss vielleicht einsehen, dass er äußerst unfallgefährdet ist, insbesondere in den mittleren Jahren. Immerhin gibt es auch einen positiven Aspekt: Er besitzt auch die Gabe, Schicksalsschläge zu überwinden und seinem Leben eine neue Richtung zu geben.

## GESCHLOSSENE UND GEKREUZTE FA LING

Geschlossene Wangenlinien, die von weiteren Linien gekreuzt werden, können auf gesundheitliche Probleme mit dem Magen hindeuten. In diesem Fall sollte üppiges Essen vermieden werden, um Geschwüren oder gar einer Lebensmittelvergiftung vorzubeugen.

## DIE T'ENG-SCHLANGE

Wenn die Linien sich zum Mundwinkel krümmen, diesen aber nicht erreichen, nennt man sie T'eng-Schlangenlinien. Wenn sie wie im Bild verlängert sind, gelten sie als Zeichen für ein sorgloses Naturell, das allerdings im Extremfall auch zu einer grob fahrlässigen Haltung gegenüber Fragen der Sicherheit und des Besitzes werden kann.

## BREITE FA-LING-LINIEN

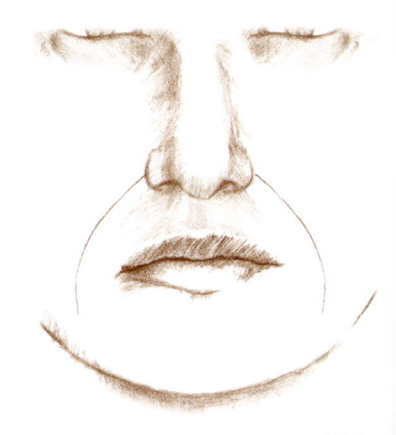

Bilden die Wangenlinien einen weiten Schwung um die Mundwinkel, können wir von einem innovativen Geist ausgehen, der gute Aussichten auf geschäftliche Erfolge hat. Solche Linien können auch eine Karriere in der Verwaltung oder in einem Job, der ein gewisses Maß an Kreativität verlangt, nahelegen.

Die Nasolabialfalten

## LANGE UND DÜNNE FA-LING-LINIEN

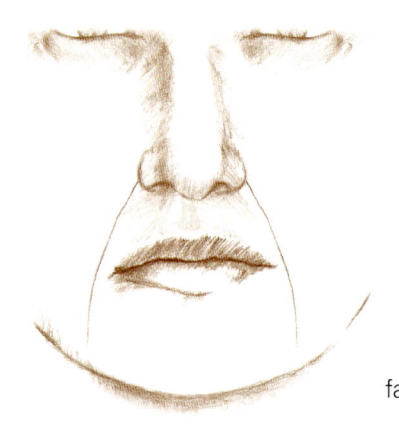

Wangenlinien, die steil nach unten verlaufen, die Mundwinkel passieren und sich eventuell zum Kinn hin biegen, gelten als eines der besten Zeichen für ein langes und gesundes Leben. Sind die Linien jedoch sehr gerade, warnt dies einen Menschen davor, dass er selbst sein schlimmster Feind ist. Er löst durch seine Taktlosigkeit ständig Streitereien aus und kann einfach sein Wort nicht halten.

## UNDEUTLICHE ODER SCHWACHE FA LING

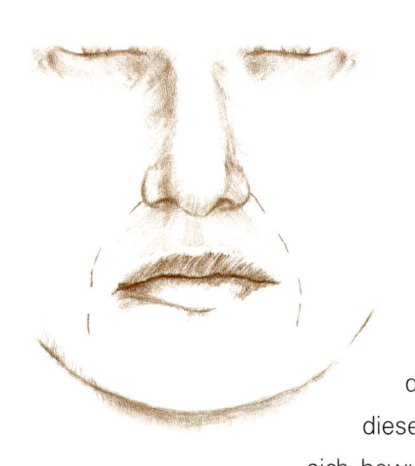

Schwache, nicht vorhandene oder in viele winzige Stückchen zerbrochene Fa-Ling-Linien markieren einen extremen Glückspilz – auf eine sehr seltsame Weise. Wenn er es im Leben auch nicht immer leicht haben mag, zeigt sein Fa-Ling-Muster doch, dass er letztendlich immer wieder auf die Füße fällt. Es ist jedoch auch wahr, dass dieser Mensch sich durch seine eigenen falschen Einschätzungen in diese fortwährenden Schwierigkeiten bringt und er sich bewusst sein sollte, dass sein Glück eines Tages zu Ende gehen könnte.

## FA LING DES MANDARIN

Tiefe Fa Ling, die sich zudem mit Linien vom Kinn und von den Mundwinkeln treffen, sind als Mandarin-Fa-Ling bekannt. Diese Kombination deutet an, dass der Träger für eine Machtposition bestimmt und in der Lage ist, große Verantwortung zu übernehmen.

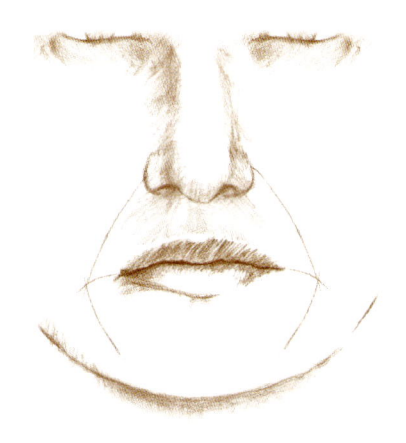

## UNREGELMÄSSIGE FA-LING-LINIEN

Wenn die Wangenlinien ungleich lang sind oder unterschiedliche Verläufe haben, haben wir einen Indikator für einen instabilen und wenig ausdauernden Menschen. Wie gewohnt im Zusammenhang mit den Fa-Ling-Linien werden Problem in den Mittfünfzigern auftreten.

## NACH OBEN GEBOGENE FA-LING-LINIEN

Sie gelten als eher ungünstiges Zeichen. Die Aussichten sind öde und freudlos: Der traditionellen Interpretation zufolge muss der Träger mit Schicksalsschlägen und gesundheitlichen Problemen rechnen.

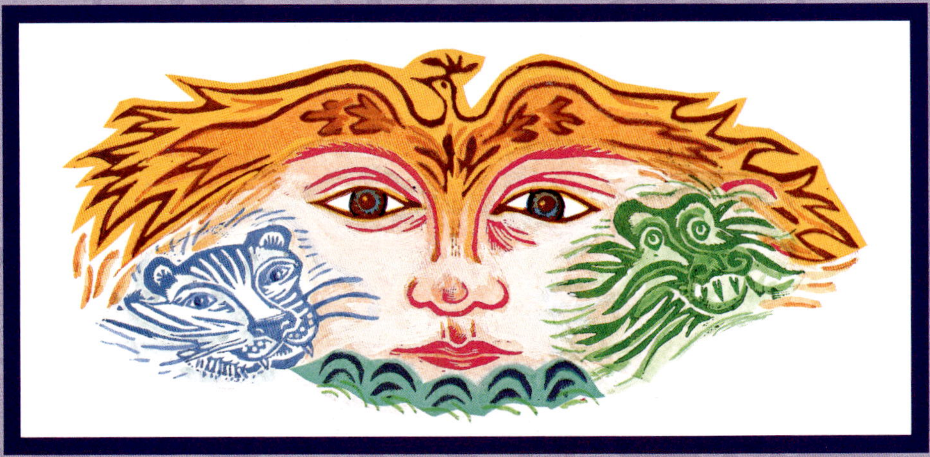

# 8

## MUND, LIPPEN, PHILTRUM UND KINN

Mund, Lippen, Philtrum und Kinn

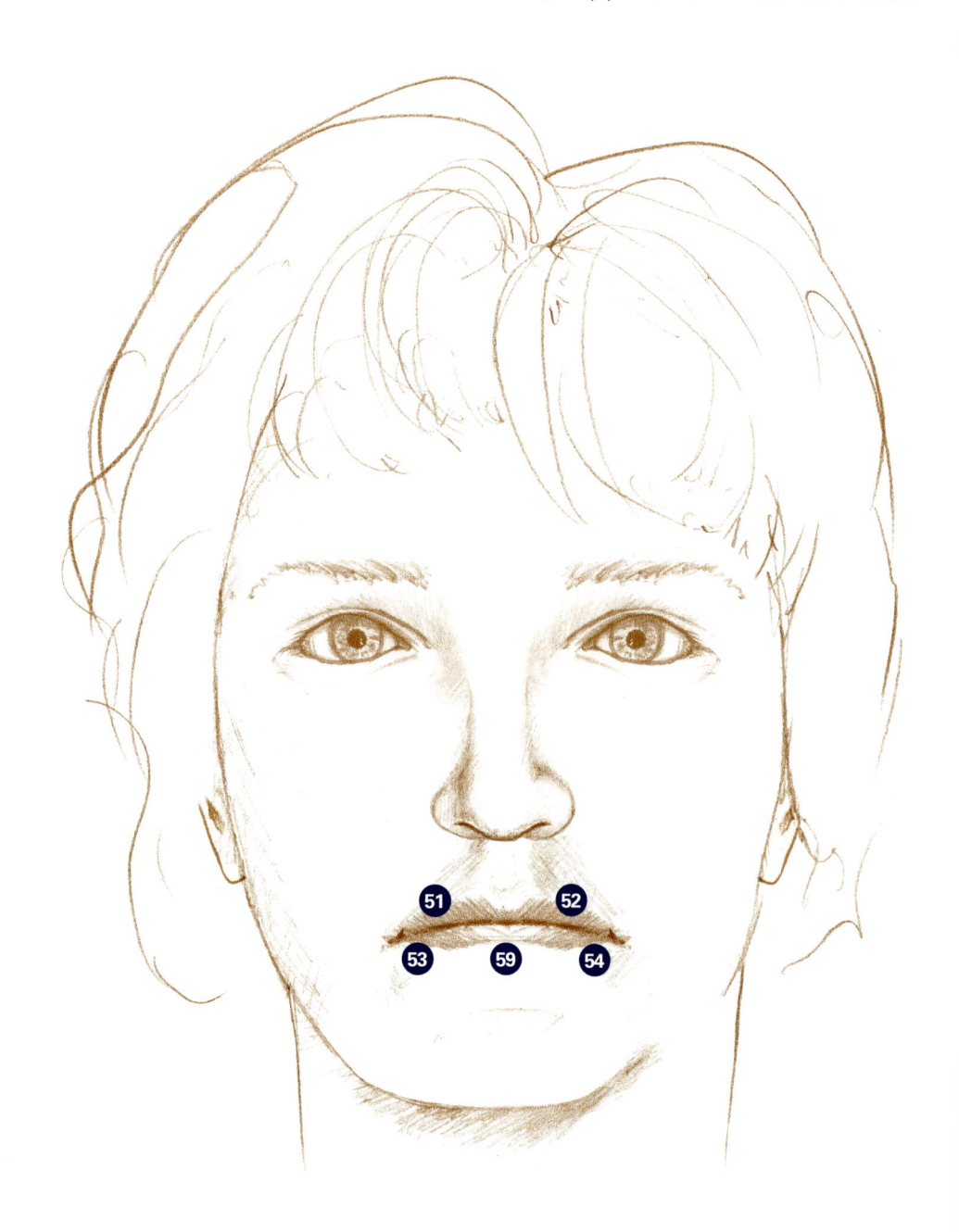

Alterspunkte des Mundes

136

**Generelle Charakteristik**

Die Größe und die Form des Mundes sagen sehr viel über die Persönlichkeit und zukünftige Erfolge eines Menschen aus. Wie die Brauen kann der Mund viele Emotionen zum Ausdruck bringen, Freude, Elend, Mut, Feigheit, Zuneigung, Kühle und viele mehr.

Vom Alter her haben die Lippen mit den frühen 50ern zu tun: Oberlippe rechts 51. Jahr, links 52. Jahr; Unterlippe rechts 53. Jahr, links 54. Jahr. Die Mitte der Unterlippe bildet eine Ausnahme, sie hat ganz allgemein mit den späten 50ern und im speziellen mit dem 59. Jahr zu tun.

## GENERELLE CHARAKTERISTIK

Idealerweise sollten die Lippen in proportioneller Harmonie zum übrigen Gesicht stehen. Sie sollten voll und prall, aber nicht übergroß oder klein sein. Die Chinesen entscheiden sich im Zweifelsfall für einen im Verhältnis zum übrigen Gesicht großen Mund, weil ein kleiner Mund als schlechtes Omen gilt.

Mund und Lippen sollten zueinander in einem harmonischen Größenverhältnis stehen; Unter- und Oberlippe sollten gleich groß sein. Auch die Farbe ist wichtig: hellrote Lippen sind optimal, legt dies doch Ehrlichkeit und Ausgeglichenheit nahe.

Mund, Lippen, Philtrum und Kinn

Die linke und die rechte Hälfte des Mundes sollten einander spiegeln; wenn die Lippen geschlossen sind, sollte kein Spalt zwischen ihnen zu sehen sein. Leicht befeuchtete und, im Fall von Frauen, weiche, aber nicht schlaffe Lippen gelten als Ideal. Männerlippen sollten hingegen fest, aber nicht zu hart sein.

Ein perfekter Mund

Hat jemand einen perfekt geformten Mund, sollte er liebevoll, ehrlich, freundlich und respektabel sein. Ein schöner Mund soll Erfolg und ein günstiges Schicksal bringen, beginnend in den 40ern.

Volle, harmonische und helle Lippen nennen robuste Naturen mit einem unverwüstlichen Magen ihr Eigen. (Da die Chinesen glaubten, die Intelligenz sitze im Magen, war dies ein sehr wichtiges, mit Vernunft und Gedankenkraft verbundenes Merkmal.) So jemand wird das Leben in allen Facetten auskosten, könnte jedoch zur Habgier neigen.

## DER GROSSE MUND

Volle Lippen und ein breiter Mund sind ein günstigeres Zeichen als schmale Lippen und ein kleiner Mund. Jemand mit ersterem Merkmal dürfte beliebt sein und in Gesellschaften stets im Mittelpunkt stehen. Allerdings könnte ihm das auch zu Kopf steigen und aus ihm einen exaltierten Angeber machen. Vielleicht ist er auch mehr Bruder Leicht-

**Die Mundwinkel**

fuß, als für ihn gut ist, und schafft es nicht, seinem Leben eine Richtung zu geben. So jemand gerät leicht in schlechte Gesellschaft, sehr zum Missfallen seiner Familie und seiner wahren Freunde. Die negativen Aspekte des breiten Mundes sind bei Männern gravierender als bei Frauen. Letztere sind glücklicher und haben einen ausgezeichneten Sinn fürs Geschäft. Sie könnten auch in der Unterhaltungsindustrie Karriere machen.

Ein großer Mund

## DIE MUNDWINKEL

Nach oben gezogene Mundwinkel verweisen auf eine glückliche, unbeschwerte Persönlichkeit, nach unten gezogene auf ein pragmatisches, materialistisches Naturell sowie auf Unsicherheiten und Ängstlichkeit. Jemand mit einem großen Mund und ungleichen Mundwinkeln redet, bevor er denkt. Er wird sich Dinge nie gründlich überlegen und immer anderen die Schuld an seinen eigenen Fehlern geben. Dieser Mensch hat vielleicht permanente Geldnöte und ist scharfzüngig und verbittert, weil aus seiner Sicht immer äußere Umstände dazu führen, dass ihm nichts gelingt.

Ungleiche Mundwinkel

Mund, Lippen, Philtrum und Kinn

## DER KLEINE MUND

Einem Menschen mit kleinem Mund wird mangelndes Selbstvertrauen nachgesagt; immer benötigt er die Zustimmung anderer. Er kann auch misstrauisch und gemein sein. Dünne Lippen legen wenige enge Beziehungen nahe und daraus resultierende Einsamkeit in den mittleren Jahren.

## GERADER LIPPENSCHLUSS

Die Form, die die geschlossenen Lippen ergeben, ist laut den Regeln des chinesischen Gesichtslesens extrem wichtig. Eine gerade Linie bedeutet Ordnungsliebe, Logik und wenig Gefühl. In persönlichen Beziehungen kann dies mitunter negative Auswirkungen haben.

## MITTELSCHNÄBELCHEN

Eine mehr oder minder gerade Lippe, die jedoch in der Mitte der Oberlippe eine nach unten gerichtete Abweichung aufweist, steht für Konvention, Stabilität und Normalität. Unter der Hülle dieses Durchschnittsmenschen könnten allerdings die Leidenschaften brodeln.

## GESCHÜRZTE LIPPEN

Sie zeigen an, dass sich der Träger um alles Sorgen macht. Sie können auch Unsicherheit bedeuten, die aus unrealistischen Erwartungen an sich selbst oder andere erwächst.

## SANFT GESCHWUNGENER LIPPENSCHLUSS

In Kombination mit aufwärts gezogenen Mundwinkeln haben wir einen offenen und freundlichen Menschen vor uns, der sich seiner selbst sehr bewusst ist. Sind die Lippen voll, zeigen sie organisatorische und Führungsqualitäten an. Sind sie dick und gerötet, ist der Träger kokett und sinnlich und neigt zu riskanten Affären.

Mund, Lippen, Philtrum und Kinn

## GEWELLTER LIPPENSCHLUSS

Treffen sich die Lippen in leichtem Aufwärtsbogen mit leichten, welligen Unregelmäßigkeiten, enthüllt das eine redegewandte und kreative Person. Sie ist verschlossen, intrigant und verführerisch, glaubwürdig und charmant, enthüllt aber niemals etwas wirklich Persönliches.

## SPIEGEL-WELLENSCHLUSS

Symmetrische Lippen mit welligem Lippenschluss deuten an, dass der Besitzer vom schmalen Pfad der Tugend abweichen wird. Er ist isoliert und missverstanden. Obwohl er zahlreiche sexuelle Affären hat, findet er es wegen seines unsteten Wesens schwierig, eine dauerhafte Beziehung aufrechtzuerhalten. Je voller die Lippen sind, desto stärker ist sein sexuelles Verlangen.

## OFFENER LIPPENSCHLUSS

Bleibt bei geschlossenen Lippen ein kleiner Spalt offen, deutet dies Gewitztheit an, kann aber auch Pech in den frühen 50ern bedeuten. Der chinesische Philosoph Konfuzius war berühmt für dieses Merkmal, in Kombination mit vorstehenden Zähnen. In seinem fünften Lebensjahrzehnt verlor er seinen Lieblingssohn.

Traditionelle Mundformen

# TRADITIONELLE MUNDFORMEN

Wie bei den anderen Gesichtsmerkmalen kennt das chinesische Gesichtslesen auch für die unterschiedlichen Mundformen diverse unverblümte, symbolische Bezeichnungen.

## Der Quadratmund

Er wirkt eckig und hat volle, sehr rote Lippen. Jemand mit dieser Mundform ist vom Schicksal sehr begünstigt – er wird in allen Lebensbereichen glücklich und erfolgreich sein. Er ist ehrlich, besonnen und Respekt gebietend.

## Der kreative Mund

Die Winkel des kreativen Mundes sind leicht aufwärts gebogen, wodurch er lächelnd wirkt. Die Lippen sollten voll, rötlich, etwas feucht und wohlgeformt sein. Diese Züge signalisieren eine Künstlernatur mit Sinn für Humor, gepaart mit Cleverness und Aufrichtigkeit. Es handelt sich um einen sympathischen und großzügigen Menschen.

Mund, Lippen, Philtrum und Kinn

### Der Neumond-Mund

Wie der Name andeutet, scheint der Besitzer dieser Mundform ständig zu lächeln. Es gelingt ihm, durch Eloquenz und beachtliche Überredungsgabe seinen Standpunkt durchzusetzen. Vielleicht ist er künstlerisch begabt und/oder verfügt über eine enorme Konzentrationsfähigkeit.

### Der Feueratem-Mund

Dieser Mund hat geschürzte Lippen, nach unten gezogene Mundwinkel und eine merkliche Ausbuchtung in der Mitte der Oberlippe. Möglicherweise stehen die oberen Schneidezähne leicht vor; die Lippen könnten eher dünn sein. Jemand mit diesem Mund ist ein Einzelgänger. Er kann nur schwer dauerhafte Freundschaften aufbauen. Traumatische Erlebnisse in der Kindheit haben ihn vielleicht emotional gezeichnet und Groll und Zurückweisung in sein Herz geschrieben. Die Aussichten sind aber nicht völlig negativ, weil er letztlich Seelenverwandte finden wird, die ihm emotionale Sicherheit geben und sein Selbstvertrauen unterstützen.

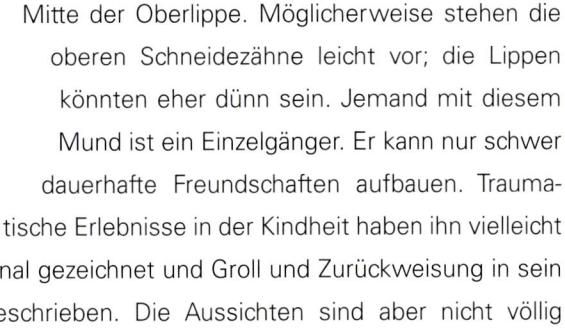

### Der ruppige und trockene Mund

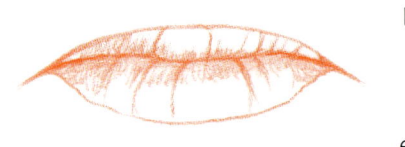

Die trockenen, stumpffarbigen Lippen mit abwärts gezogenen Winkeln wirken uneinheitlich. Der Träger wird aus der Menge herausragen. Er ist vielleicht einzigartig, was ihm Probleme beim Finden seines Platzes im Leben bereiten kann. Daraus können ständige Geldschwierigkeiten entstehen, durch die ihm seine Geduld und seine Entschlossenheit helfen. Er fasst auch nicht leicht Vertrauen zu anderen.

**Traditionelle Mundformen**

## Der Fischmund

Dieser Mund ist buchstäblich fischförmig, mit deutlich nach unten gezogenen Mundwinkeln und dünnen Lippen. Ein Mensch mit diesem Mund wird wegen seines unkonventionellen Lebensstils oder langen Jahren der Ausbildung über große Zeiträume finanziell von anderen abhängen. So jemand kann Jahre benötigen, um die richtige Berufswahl zu treffen, wird dann aber sicher Erfolg haben.

## Der Lotusblatt-Mund

Er hat dünne Lippen mit stumpfer Farbe und der Mund ist breit und leicht nach unten geschwungen. So jemand ist sehr zurückgezogen und findet es schwierig, eigene Fehler einzugestehen oder auch nur ordentlich mit anderen zu sprechen. Vielleicht ist er ein Klatschmaul, das es weitaus einfacher findet, über andere zu reden als mit ihnen.

## Der unausgeglichene Mund

Einer der Mundwinkel ist nach oben, der andere nach unten gezogen, was diesen Mund schief wirken lässt. Ein Mensch mit dieser Mundform kommt öfter mal ins Gerede, ist aber auch unterhaltsam und geistreich und liebt es, seine Erzählungen wortreich auszuschmücken. Obwohl er extrovertiert ist, fühlt er sich unsicher, was er mit seinen Redeschwallen zu überspielen sucht. Für Geldangelegenheiten ist dieser Mund ein gutes Zeichen, deutet aber auch eine Tendenz an, über die Verhältnisse zu leben.

### Der Kirschmund

Dies ist die am meisten Glück verheißende Mundform: gerundete, nach oben weisende Mundwinkel und volle, rote Lippen vor kleinen, weißen, perfekten Zähnen. Ein Mensch mit Kirschmund ist intelligent, einfühlsam und weiser als in seinem Alter üblich. Er ist hilfsbereit und gibt gerne nützliche Ratschläge. Er wird sich in einflussreicher Gesellschaft wiederfinden und selbst großen Einfluss erlangen.

## DAS PHILTRUM

Die Rinne zwischen der Oberlippe und der Nase wird im Deutschen als Philtrum, im Chinesischen als Jen Chung oder „mittlerer Mann" bezeichnet. Im Mian Xiang hat sie eine einzigartige Bedeutung, sie gibt nämlich Aufschluss über die Lebensspanne und die Fruchtbarkeit eines Menschen. Waren die Wangenknochen die Wächter, ist der Jen Chung der Botschafter oder Minister des Kaisers: Er vermittelt den Willen des Herrschers (der Nase) an den Mund. Das Philtrum wird mit dem 50. Jahr assoziiert.

Wenn einem Mann an dieser Stelle Haare wachsen, gilt dies als gutes Omen für Popularität und viele Freunde. Keine Haare bedeuten das Gegenteil – dieser Mann wird sich durch sein aggressives Wesen viele Feinde machen, ganz besonders wenn er sich seinen 50ern nähert.

## DAS TIEFE UND LANGE PHILTRUM

Das lange, gerade, tiefe und breite Philtrum ist der Idealtyp. Jemand mit diesem Merkmal darf ein langes, fruchtbares und glückliches Leben erwarten; mit fünfzig wird sich sein gesellschaftlicher Status merklich verbessern, mit weiter steigender Tendenz im gesamten folgenden Jahrzehnt.

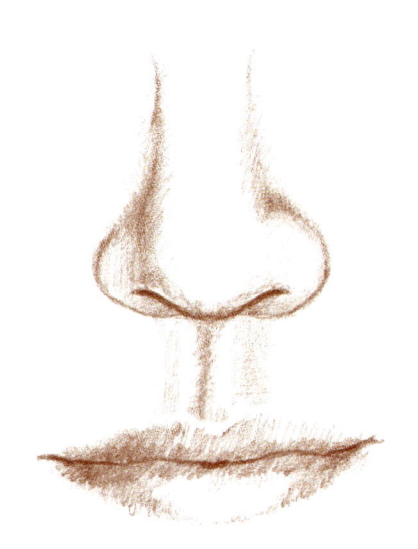

## PHILTRUM MIT BREITER BASIS

Eine Person mit einem Philtrum, das an der Basis breiter als an der Spitze ist, ist für zahlreiche Nachkommen bestimmt. Manchen Quellen zufolge werden die Kinder erst später in ihrem Leben geboren werden und in der Mehrzahl Mädchen sein. Nach der chinesischen Tradition ist dies unwillkommen.

In vergangenen Tagen lebten die Söhne mit ihren Frauen bei den Eltern des Sohnes und sorgten im Alter für diese, während die Töchter bei ihren Schwiegereltern lebten und für diese sorgten und arbeiteten. Obwohl uns die chinesische Vorliebe für Söhne sexistisch erscheint, waren männliche Nachkommen in praktischer Hinsicht ein Segen. Töchter

Mund, Lippen, Philtrum und Kinn

mussten in ihrer Jugend mit erheblichem Kostenaufwand ernährt, gekleidet und untergebracht werden und hatten im späteren Leben keinen finanziellen Wert für die Eltern. Wenn ein Paar viele Töchter und keine Söhne hatte, musste es sich im Alter tatsächlich entweder der Gnade von Verwandten ausliefern oder hungern.

## PHILTRUM MIT SCHMALER BASIS

Ist das Jen Chung an der Spitze breiter als an der Basis, sagen die Chinesen: „Die Botschaft des Kaisers ist verloren gegangen." Die Körperkraft ist eingeschränkt und die Person wird unter ihrer schwachen Gesundheit leiden und nur wenig fruchtbar sein. Es wird wenige Nachkommen geben, und die Kinder, die es gibt, werden beinahe mit Sicherheit Mädchen sein. Dies ist, das sei noch einmal betont, aus chinesischer Sicht kein günstiges Schicksal.

Philtrum mit breiter Mitte

# PHILTRUM MIT BREITER MITTE

Wenn das Philtrum in der Mitte am breitesten ist, wird die Vermittlung der Botschaft des Kaisers behindert: Die Übermittlung stagniert und formt einen See. Im 50. Lebensjahr wird sich das in Depressionen, Krankheit und Verlust auswirken.

# DAS KURZE PHILTRUM

Bei einem Menschen mit diesem Merkmal ist die Rinne zwischen Oberlippe und Nase sehr kurz. Wenn dies auch eine kurze Lebensspanne anzeigt, bedeutet es doch auch, dass der Betreffende in den Jahren, die ihm bleiben, Bemerkenswertes erreichen wird. Alexander der Große hatte ein sehr kurzes Jen Chung, und obwohl er als Eroberer des Großteils der damals bekannten Welt sehr ruhmreich war, starb er doch, bevor er das 32. Lebensjahr vollendet hatte.

Mund, Lippen, Philtrum und Kinn

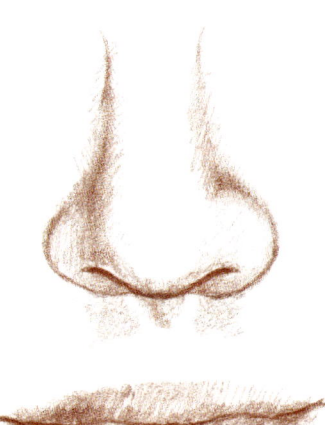

## VERSIEGENDES PHILTRUM

In diesem Fall beginnt das Philtrum unterhalb der Nase, verschwindet aber, bevor es die Lippe erreicht: ein ausgesprochen schlechtes Omen. Krankheit, Verlust und ein früher Tod werden prognostiziert; abgemildert wird dieses Schicksal, wenn der vorhandene Teil des Philtrums vergleichsweise lang ist. Dann ist zwar ein längeres Leben zu erwarten, nicht aber Glück, weil der Lebensabend von Einsamkeit und Schwierigkeiten mit den Nachkommen geprägt sein wird.

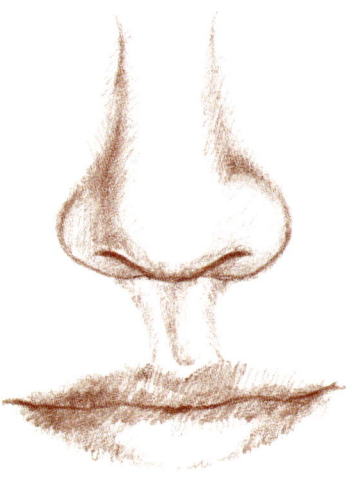

## SCHRÄGES PHILTRUM

Ein Jen Chung, das sich nach links oder rechts neigt, beeinträchtigt nicht nur die Harmonie des ganzen Gesichts, sondern gilt auch als schlechtes Zeichen. Versagen, Frustration und Ziellosigkeit und infolgedessen finanzielle Probleme und Depression werden in Aussicht gestellt. Es kann auch bedeuten, dass dem Träger dieses Merkmals keine Kinder vergönnt sind.

## DAS FALTIGE PHILTRUM

Wenn das Philtrum eines Menschen von senkrechten oder waagerechten Falten durchzogen ist, sehen wir einmal mehr ein schlechtes Zeichen vor uns. Sind die Falten horizontal, stehen ihm geschäftliche und familiäre Rückschläge in seinem 50. Lebensjahr ins Haus, die zu einer generellen Unzufriedenheit führen können. Verlaufen die Falten oder Runzeln aber senkrecht, sind die Prognosen günstiger. Dennoch wird diese Person möglicherweise erst im fortgeschrittenen Alter Kinder haben; speziell für Männer bedeutet das Nachwuchs erst ab dem 50. Lebensjahr. Frauen werden um 40 empfangen und eine Problemschwangerschaft erleben. Alles in allem steht diese Form des Philtrums für Unzufriedenheit, Beschwerden und Sorgen.

Mund, Lippen, Philtrum und Kinn

## DAS KINN

Laut den alten Chinesen ähnelt das Kinn dem Panzer einer Schildkröte, weshalb es als der „Berg der schwarzen Schildkröte" bekannt war. Damit haben wir auch den letzten der fünf „Berge des Gesichts" erreicht; die anderen sind die Nase, die Stirn und die beiden Wangenknochen.

Das Kinn ist der wichtigste Indikator für die Willenskraft eines Menschen. Heutzutage verwenden wir Begriffe wie „Glaskinn" oder „fliehendes Kinn" und sprechen von einer starken, schwachen oder weichen Kinn- und Kieferlinie. Das heißt, dass wir ganz ohne Studium der Gesichtslesekunst instinktiv Vermutungen über einen Menschen aufgrund der Form seines Kinns anstellen. Das Kinn, das zur sechsten und siebenten Lebensdekade gehört, zeigt uns auch, ob ein Mensch leicht Versuchungen erliegt – was sich durchaus erst im höheren Alter zeigen kann.

Ideal ist ein kräftiges und angemessen breites Kinn, das aber nicht deutlich heraussticht. Die Form des Kinns reflektiert die Form des Kieferknochens: zu einem breiten, quadratischen Kinn gehört eine breite Kieferlinie.

Wie beim Gesichtslesen gewohnt können auch Kinn und Kiefer unterschiedlichen Typen zugeordnet werden. Am wichtigsten ist dabei: Eine breite Kiefer-Kinn-Linie steht für Entschlossenheit und Stärke.

Rundliches Kinn

## RUNDLICHES KINN

Ein gerundetes Kinn wird als Zeichen für ein warmherziges, offenes und gefühlsbetontes Wesen gesehen. Es gehört zu einer charmanten, einnehmenden Person, die aus jeder Situation das Beste zu machen versteht und mit sich und der Welt zufrieden ist. Bei einem längeren und stärker hervortretenden Kinn nützt der Träger seinen Charme eigennützig, um Freunde zu gewinnen und Menschen zu beeinflussen.

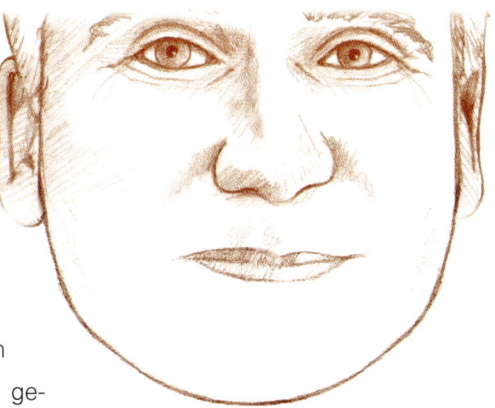

## DAS QUADRATKINN

Dies ist die Kinnform hart arbeitender Menschen und zeigt beachtlichen Eigensinn und Leistungskraft. So jemand ist ehrbar, vertrauenswürdig und in Partnerschaften sehr standhaft. Geschäfte wickelt er auf ehrliche Weise ab. Er hegt vielleicht sehr tiefe Gefühle, ist aber wenig charmant. Wer das akzeptieren kann, wird in ihm einen guten Menschen finden.

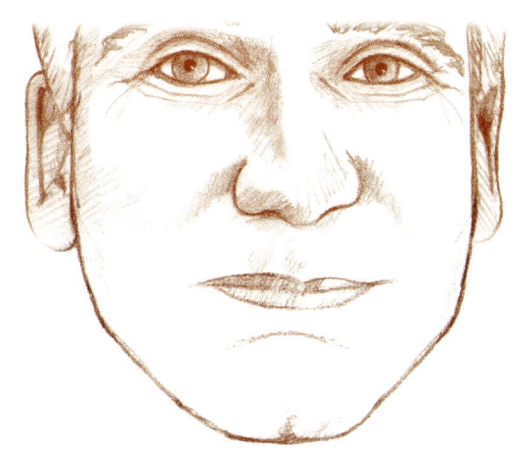

Mund, Lippen, Philtrum und Kinn

Eine Version dieses Typs ist das Grübchen-Kinn. Der Träger bleibt bis ins hohe Alter jugendlich, braucht aber das Gefühl, geliebt zu werden. Ein berühmtes Beispiel ist Kirk Douglas, was nicht weiter verwundert – Grübchen-Kinne werden gerne mit Künstlern und Schauspielern assoziiert.

## VORSPRINGENDES, BREITES KINN

Diese Form wird wie das Quadratkinn interpretiert, wobei Ehrgefühl und innere Stärke noch deutlicher ausgeprägt sind. Sie kann aber auch den klassischen Don Juan zieren: Einen zur Verführung getriebenen Verführer voller Charisma und ohne Gefühl für Treue.

## DAS SPITZE, SCHMALE KINN

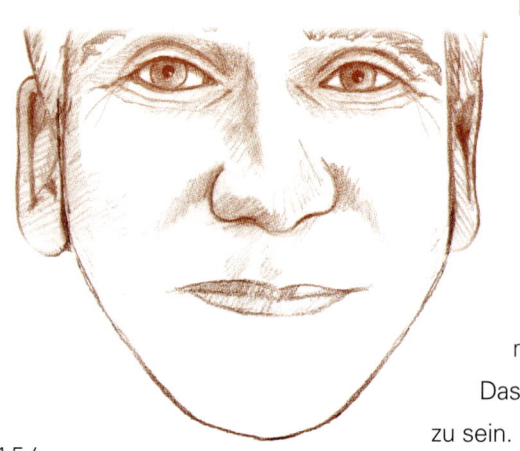

Mit diesem Typ werden Unentschlossenheit und geringe Attraktivität verbunden. Der Träger wird oft unter Depressionen, Willensschwäche und unerfüllten Träumen leiden. Nicht genug damit, glaubten die alten Chinesen auch noch an Probleme im hohen Alter – welches er allerdings möglicherweise gar nicht erreicht. Falls doch, könnte es ein einsames Dasein sein in dem Wissen, betrogen worden zu sein.

Die Kinnlinie im Profil

# DIE KINNLINIE IM PROFIL

Betrachten wir nun die Kieferkonturen im Profil. Daraus werden sich kaum Änderungen der eben erstellten Interpretationen ergeben, aber es ist wichtig, den Abstand zwischen dem Kiefer und den Ohrläppchen zu berücksichtigen. Die Breite und der Winkel des Kiefers sind dabei am bedeutendsten.

## Der kantige Kiefer

Ein kantiger, niedriger Kiefer steht zum Ohr in einem ganz bestimmten Winkel und relativ weit von ihm ab. Ein Mensch mit solchen Kieferknochen ist normalerweise sehr entschieden und hat einen starken eigenen Willen. Ist der Kiefer noch dazu breit, wird er ein geborener Anführer sein, der sehr bestimmend ist und nein als Antwort einfach nicht akzeptiert. Ein kantiger, hoher Kiefer ist merklich näher beim Ohr. Auch dieser Träger ist entschlossen und selbstbestimmt, jedoch lässt er sich von harten Argumenten durchaus beeinflussen und neigt vielleicht dazu, es allen recht machen zu wollen.

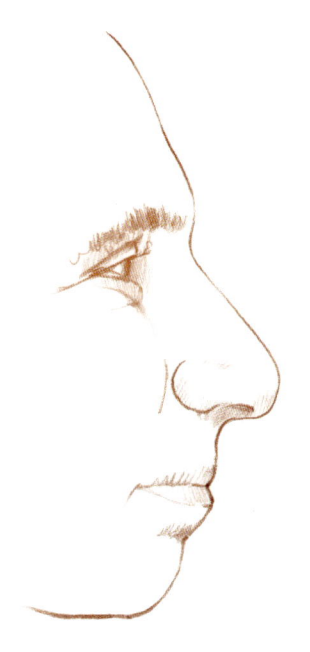

Fliehendes Kinn

## Der rundliche Kiefer

Dies ist die am häufigsten anzutreffende Kinnlinie; die Interpretation hängt von der Form ab. Ein fliehendes Kinn zeigt mangelnde Selbstsicherheit und Entschlossenheit. Springt das Kinn jedoch vor und ist es insgesamt stärker, nimmt die Entschiedenheit zu. In jedem Fall werden Menschen mit rundlichem Kiefer aber dazu neigen, sich der Meinung der Masse anzuschließen.

Mund, Lippen, Philtrum und Kinn

# DER BART

Auch die Form und das Wuchsmuster des Bartes enthüllen Charaktereigenschaften. Wuchsrichtung, Dichte und Farbe sind die wichtigsten Faktoren. Die Hauptbereiche, die es zu beachten gilt, sind das Philtrum sowie Kinn und Kiefer und darüber. Altersmäßig stehen diese Areale, wie schon gesagt wurde, mit den Jahren von Anfang fünfzig bis Mitte neunzig in Verbindung – und demzufolge auch die Interpretation des Bartes.

### Die günstigste Form des Bartes

Der ideale Bart ist dunkel und besteht aus feinem, weichem und glänzendem Haar. Er sollte um die Lippen und die Mundwinkel einen schmalen Streifen Haut freilassen. Jemand mit dieser Bartform soll ein harter, ehrlicher Arbeiter sein und eine generöse Natur besitzen. Es kann auch Jugendlichkeit und Vitalität bis ins höhere Alter bedeuten.

**Der Bart**

## Der dichte Bart

Ein sehr dichter, struppiger Bart mit drahtigem, nicht glänzendem Haar kann die Interpretation des Kinns ins Gegenteil verkehren. Dieser Bart gehört zu einer mürrischen, böswilligen und gefühllosen Person, die zu Jähzorn neigt. Wächst dieser Typ Bart sehr nahe an die Mundwinkel heran, droht in den mittleren Jahren eine ernsthafte Verletzung in Folge einer Gewalttätigkeit.

## Der dünne, lückenhafte Bart

Ist ein Bart lückenhaft oder besteht er aus dünnen, schwachen Haaren, wird dies als Zeichen für einen schwachen und unentschlossenen Mann interpretiert. Es ist ähnlich wie bei einem fliehenden Kinn, jedoch nicht ganz so schlimm. Für die alten Chinesen war so ein Bart ein Indikator für Kränklichkeit, die im Alter zunimmt. Eine kahle Stelle am Philtrum bedeutet, dass dieser Mann das Opfer von Kritik und Verleumdung sein wird. Auch diese unerfreuliche Situation wird mit den Jahren schlechter.

# REGISTER

Alterspunkte
  Augen, 58, 59
  Brauen, 80, 81
  dreizehn bedeutsame, 17–21
  Mund, 21, 136, 137
  Nase, 99–100
  Wangenknochen, 96, 97
  Wangenlinien, 128, 129
Augen, 57–77
  Alterspunkte, 58, 59
  Farbe der, 76–77
  Fluss Ho, 17
  fröhliche vs. traurige, 61–62
  generelle Charakteristik, 59–61
  Krähenfüße, 62–63
  Neigung der, 61–62
  obere Lider, 64
  untere Lider, 64
Augentypen, 65–76
  Adlerauge, 72
  Affenauge, 68
  ärgerliches Auge, 67
  betrunkenes Auge, 69
  Dreiecks-Auge, 66
  Dreiweiß-Auge, 65
  Elefantenauge, 70
  Erbsenblüten-Auge, 70
  faltenloses Auge, 69
  Feuerrad, 67
  Gänseauge, 73
  Kranichauge, 72
  Lammauge, 74
  Löwenauge, 71
  Mal im Auge, 68
  Ochsenauge, 75
  Pferdeauge, 74
  Schwalbenauge, 73
  Schweinsauge, 75
  Sandauge, 68
  Tigerauge, 71
  Vierweiß-Auge, 66
  Wolfsauge, 65
Bärte, 156–157

Berg der Mitte, 16. Siehe auch Nase
Berg der schwarzen Schildkröte, 16. Siehe auch Kinn
Berg des Gelben Kaisers, 16. Siehe auch Nase
Berg des grünen Drachen, 15. Siehe auch Wangenknochen
Berg des Phönix, 15. Siehe auch Stirn
Berg des weißen Tigers, 15. Siehe auch Wangenknochen
Berge (fünf), 13–16
Brauen, 79–93
  abwärts wachsende Haare, 82
  Alterspunkte, 80, 81
  auf- und abwärts wachsende Haare, 83
  aufwärts wachsende Haare, 82
  ausgeprägter Bogen, 81–82
  durcheinander wachsende Haare, 83
  generelle Charakteristik, 81
  zarte, 84
Brauenformen, 84–93
  Besen/kleiner Besen, 87
  Clanbraue, 86
  Drache, 92
  Eigenbrötler, 86
  gehoben, 90
  Geist, 86
  groß, 85
  kurz, 85
  lang, 84
  langlebig, 92
  Löwe, 93
  Messer, 89
  Neumond, 91
  rollend, 87
  schön, 88

Seidenraupe, 93
Schwert, 89
Tod, 88
Weidenblatt, 91
weinend, 90
Chi, 17
Chines. Schriftzeichen, auf
 der Stirn, 54–55
Eimergesicht, 37
Elemente
 Berge des Gesichts und,
 14, 97
 Eigenschaften, 29–30
 Gesichtsformen und,
 30–35
 Kräfte der Wandlung, 28–30
 Ohrformen und, 118–120
 Zyklus der Schöpfung, 29
Erdgesicht, 33
Erdregion, 8, 11
Fa-Ling-Linien. Siehe
 Wangenlinien
Feng-Shui, 13–14
Feuergesicht, 32
Flüsse (vier), 17
Gesichtsformen, 28–37
 Eimergesicht, 37
 Erdgesicht, 33
 Feuergesicht, 32
 Holzgesicht, 31
 Kräfte der Wandlung
 (Elemente) und, 28–35
 Metallgesicht, 34
 Vulkangesicht, 36
 Wassergesicht, 35
Haaransatz, 42–45
Himmelsregion, 8, 9–10
Holzgesicht, 31
Kinn, 152–155
Kinnlinie im Profil, 155
Kräfte der Wandlung, 28–
 30. Siehe auch Elemente
Metallgesicht, 34
Mittlere Zone (Region des
 eigenen Willens), 8, 10–11
Mund
 Alterspunkte, 18, 21, 136,
 137

Fluss Wai, 17
 generelle Charakteristik,
 137–138
 großer, 138–139
 kleiner, 140
 Lippenschlüsse, 140–142
 Mundwinkel, 139
 Rinne darüber. Siehe
 Philtrum
Mundformen, 143–146
 Feueratem-Mund, 144
 Fischmund, 145
 Kirschmund, 146
 kreativer Mund, 143
 Lotusblatt-Mund, 145
 Neumond-Mund, 144
 Quadratmund, 143
 ruppig/trockener Mund, 144
 unausgeglichener Mund,
 145
Nase
 Alterspunkte, 99–100
 Bereiche der, 99
 Berg der Mitte (Berg des
 Gelben Kaisers), 16
 Fluss Chai, 17
 Form der Nasenlöcher, 101
 generelle Charakteristik,
 102–103
 Proportion der, 101
 Wangenknochen und,
 97–98
Nasenprofile, 104–109
 Adlernase, 107
 Beulennase, 108
 Dreiknick-Nase, 106
 haarige Nase, 105
 Höckernase, 105
 kollabierte Nase, 106
 Lammnase, 109
 Nase aus dem Gleich-
 gewicht, 108
 Nase des einsamen
 Berges, 104
 Nase des Sohns des
 Philosophen, 108
 Nasenloch-Nase, 107
 Rehnase, 109

Schwertnase, 104
Obere Zone
  (Himmelsregion), 8, 9–10
Ohren, 111–125
  Elemente und die,
  118–120
  Farbe der, 117–118
  Fluss Kong, 17
  Intelligenz und die, 112,
  113
  Kindheit und die, 117
  Lage der, 113
  Länge der, 114–115
  symbolische Struktur der,
  116
  Typen von. Siehe
  Ohrtypen
  weitere Merkmale der,
  115–116
Ohrtypen, 118–125
  Erdohr, 119
  Feuerohr, 119
  Holzohr, 118–119
  Metallohr, 120
  oben ausgestelltes Ohr,
  122
  Ohr berührt die Schulter,
  121
  Rattenohr, 124
  Schachohr, 121
  Schweinsohr, 123
  Stachelschwein-Ohr, 125
  Tigerohr, 123
  Wasserohr, 120
  Windfangohr, 122
Paläste des Glücks, 22,
  23–27, 59
Philtrum, 21, 146–151
Planeten, 47–48
Region des eigenen
  Willens, 8, 10–11
Stirn, 40–55
  Berg des Phönix, 15, 41
  chines. Schriftzeichen auf,
  54–55
  Haaransatz, 42–45
  Höhe und Breite, 45–46
  senkrechte Falten, 49–54

waagerechte Falten,
  47–48
Zonen der, 40, 41–42
Tierische Berge, 13–16
Untere Zone (Erdregion), 8,
  11
Vulkangesicht, 36
Wangenknochen, 96, 97–98
Wangenlinien, 127–133
Wassergesicht, 35
Wichtigste Merkmale,
  12–13
Zonen des Gesichts
  Alterspunkte, 17–21
  fünf tierische Berge,
  13–16
  fünf wichtigste Merkmale,
  12–13
  mittlere Zone (Region des
  eigenen Willens), 8, 10–11
  obere Zone
  (Himmelsregion), 8, 9–10
  Paläste, 22, 23–27
  primäre Zonen, 8, 9–11
  sekundäre Zonen, 12–17
  untere Zone (Erdregion),
  8, 11
  vier Flüsse, 17
Zyklus der Schöpfung, 28
Zyklus der Zerstörung, 29